『十二五』國家重點圖書出版規劃項目
國家古籍整理出版專項經費資助項目
上海市新聞出版專項資金資助項目

上海圖書館藏稿鈔本日記叢刊提要

周德明 黄顯功 主編

國家圖書館出版社
上海科學技術文獻出版社

圖書在版編目（CIP）數據

上海圖書館藏稿鈔本日記叢刊提要 / 周德明，黄顯功主編 . -- 北京：國家圖書館出版社；上海：上海科學技術文獻出版社，2018.3

ISBN 978-7-5013-6357-5

Ⅰ . ①上…　Ⅱ . ①周… ②黄…　Ⅲ . ①日記－内容提要－中國－近代　Ⅳ . ① Z89：I265.5

中國版本圖書館 CIP 數據核字（2018）第 038054 號

書　　名　上海圖書館藏稿鈔本日記叢刊提要
著　　者　周德明　黄顯功　主編
責任編輯　張慧霞
封面設計　敬人書籍設計工作室

出　　版　國家圖書館出版社（100034　北京市西城區文津街 7 號）
（原書目文獻出版社　北京圖書館出版社）
發　　行　010-66114536　66126153　66151313　66175620
66121706（傳真）　66126156（門市部）
E-mail　nlcpress@nlc.cn（郵購）
Website　www.nlcpress.com →投稿中心
經　　銷　新華書店
印　　裝　河北三河弘翰印務有限公司
版　　次　2018 年 3 月第 1 版　2018 年 3 月第 1 次印刷

開　　本　787 × 1092（毫米）　1/16
印　　張　13.375
字　　數　70 千字

書　　號　ISBN 978-7-5013-6357-5
定　　價　98.00 圓

編委會

主編　周德明　黄顯功

編委（按姓氏筆畫排序）

王　亮　王風麗　朱善九　李　軍　吴　格

宋一明　林振嶽　金曉東　秦　蓁　陳　誼

陳玉蘭　張桂麗　蔣鑫梁

目録

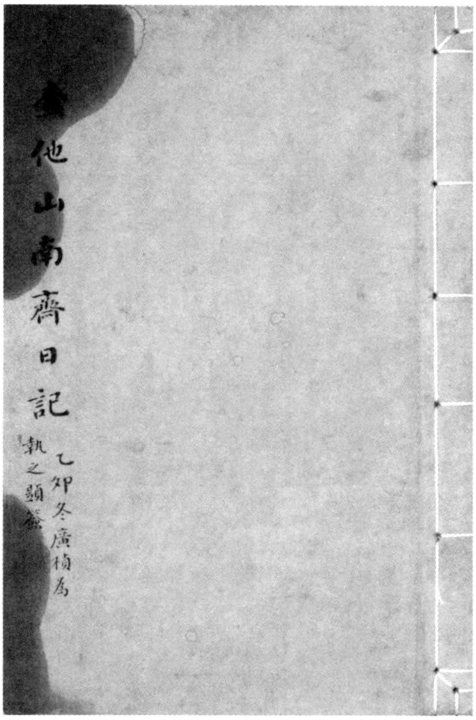

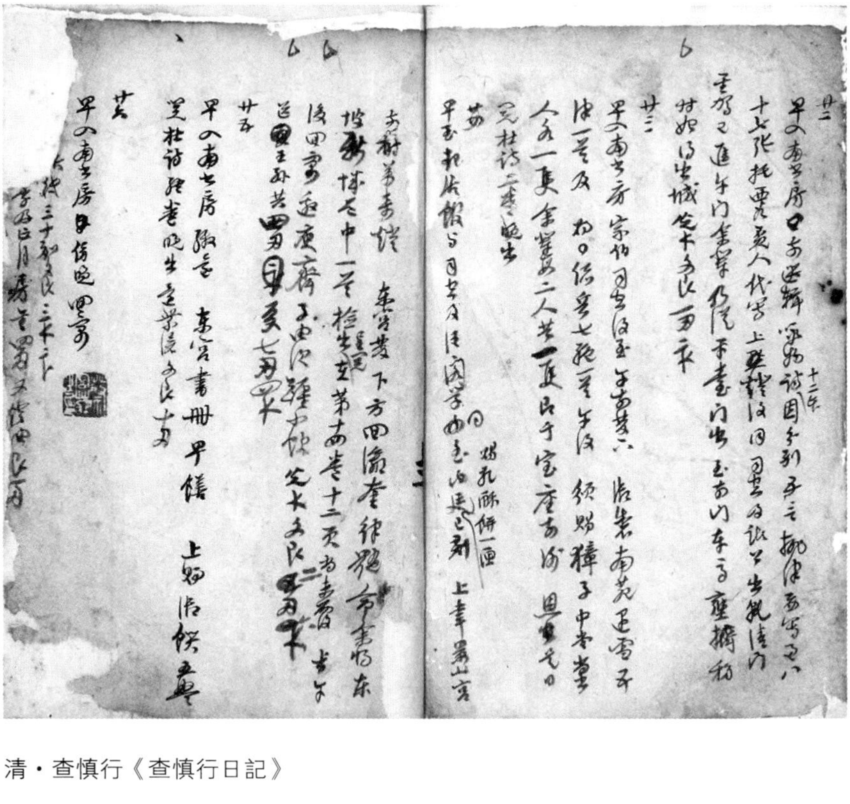

清・查慎行《查慎行日記》

查慎行日記

《查慎行日記》，原題《查他山南齋日記》，清查慎行撰。稿本。

查慎行（一六五〇—一七二七），初名嗣璉，字夏重，年四十，更名慎行，字悔餘，號他山，又號查田，晚築初白庵以居，學者稱初白先生，浙江海寧人。

查氏爲海寧大族，慎行出自明清易代時之遺民家族，其父查崧繼、族叔查繼佐等皆曾參加南明魯王政權之抗清鬥争。遺民家風對查氏之成長産生深遠影響，崧繼在明亡後不僅自己『厭棄舉子業，學爲灌園』，還爲慎行、嗣瑮兄弟立下『不事科舉干禄』之家訓。慎行兄弟好吟詠，師事陸嘉淑、查繼佐、范驤、黄宗羲、黄宗炎等遺民，所結交者多爲遺民後人。清康熙十年（一六七一），慎行始應童子試，旋因母疾輟去。十八年（一六七九）以後，出游楊雍建黔陽幕下及查培繼西江幕府。二十三年（一六八四）入國子監，列名王士禛門下，詩酒追陪，與海内詩人唱和。二十八年（一六八九），受《長生殿》案牽累，黜國子生。四十一年（一七〇二）冬十月，以張玉書、陳廷敬、李光地、揆敘等舉薦，蒙康熙帝召見，入值南書房。次年（一七〇三），以官字卷舉會試，殿試二甲第二名，選庶吉士，特免教習，旋特授編修，開始十年文學侍從生涯，至五十二年（一七一三）七月辭歸。查氏告歸後，於里中結娛老會、真率會等，優游唱酬。清雍正四年（一七二六）十一月，受其弟嗣庭案牽累，次年（一七二七）五月獲釋，八月病歿。

此日記稿凡一百七十八葉，封面題『查他山南齋日記』，扉葉有文字兩行，分題『查他山太史日記』和『康熙四十三年正月初一』（『三』字因墨迹漫漶，前人有誤認作『六』字者）。正文行草書寫，内多修改，每篇日記後所附詩詞底稿，尤見塗乙滿紙。前人據扉葉題字，有將此日記稿定於康熙四十六年，實誤。按：慎行任文學侍從十年間，所作之詩按年編爲《赴召集》《隨輦集》《直廬集》《考牧集》《甘雨集》《西阡集》《迎鑾集》《還朝集》《道院集》《槐簃集上》《槐簃集下》《橐東集》《長告集》《待放集》，共十四集，依次編入《敬業堂詩集》。此日記稿中所附詩作，多見録於《敬業堂詩集》卷三十一之《直廬集》，其所收詩自注謂『起甲申正月，盡乙酉五月』，則此日記稿記事年份，當與此相應。按：《直廬集》小序曰：『「直廬」之名，出《漢書·嚴助傳》注，所以處賢良文學之臣。余不才，初蒙特召，出入禁林已踰年矣，今乃取以名集者，斷自受職之歲始，用彰恩遇，且以志愧云。』則『直廬』

『南齋』皆指以文學侍從身份入值、任南書房翰林時之工作場所。慎行『初蒙特召』是在康熙四十一年（一七〇二）冬，『受職之歲』在次年殿試後，詩集所收，正是蒙特召授職南書房行走『踰年』後所作，止於康熙四十四年（一七〇五）五月隨駕巡邊（有《考牧集》《甘雨集》）之前。日記稿卷端題『甲申正月朔』，顯然記事始於康熙四十三年（一七〇四）正月初一，卷末記十二月二十九日事，首尾期年，正慎行受康熙眷顧，所記乃爲『南書房行走』之工作日誌，是研究南書房機構建制、人員組成、輪值制度等相關之重要史料，也是記録其出仕初行迹、創作、交游情況之第一手資料。據《西阡集》《還朝集》，慎行自康熙四十五年（一七〇六）十月請假南歸，爲雙親營葬於海寧龍山。次年家居，至四十七年（一七〇八）正月，因『家居一年，展限已滿，州縣敦迫就道』（見《還朝集》序），重新北上。由於居家年餘，遠處江南，未曾入值南書房，所謂『《查他山南齋日記》爲康熙四十六年所記』之結論（許文繼、李娜《南書房行走筆下的入值生活——新發現的幾部南書房行走自撰史料》，見《歷史檔案》二〇一四年第二期），時間斷限顯然不合，所述史實亦南轅北轍。

慎行入值期間，每日辰入酉出，主要工作爲參與分輯《歷代詠物詩》《佩文韻府》，分校《淵鑑類函》以及應制唱和、鑒定書畫等。關於《佩文韻府》之編纂，日記中五月初一、初二日述及凡例之商酌、增補等細節，堪稱考察清代宫廷修書之寶貴文獻。

慎行一生以詩爲事，日記中記事之餘，往往附記詩作，大多已收入《直廬集》，然諸詩排序時有差異，文字多有改動，部分詩作不見於詩集，故此日記於其詩作有校勘、輯佚價值。如《直廬集》將作於三月二十日之《次韻答吴西齋》，接於《春分禁中雨》後，與寫作時間不吻；再如日記二月二十日所記《暢春園看早桃》二首，《直廬集》中擴爲四首，文字也多差異；日記三月初三日所記《送陳陟齋都諫請假歸里即次留别原韻》二首，《直廬集》所刻係截取二首各半合爲一首；又如日記二月初四日所記《禁中春雪》、二月十五日《送朝定侯方行赴任山右》四首、六月十八日《題扇頭畫兔應四皇子教》、八月十五日《京口蔡卓庵將軍以小照索題》等，《直廬集》皆失收，值得關注。

慎行日記傳世者，尚有《廬山紀游》《陪獵筆記》等，前者撰於康熙三十一年，後者記康熙四十二年、四十四年至四十五年事，有清乾隆五十七年（一七九二）吴昂駒鈔本，亦藏於上海圖書館。（陳玉蘭）

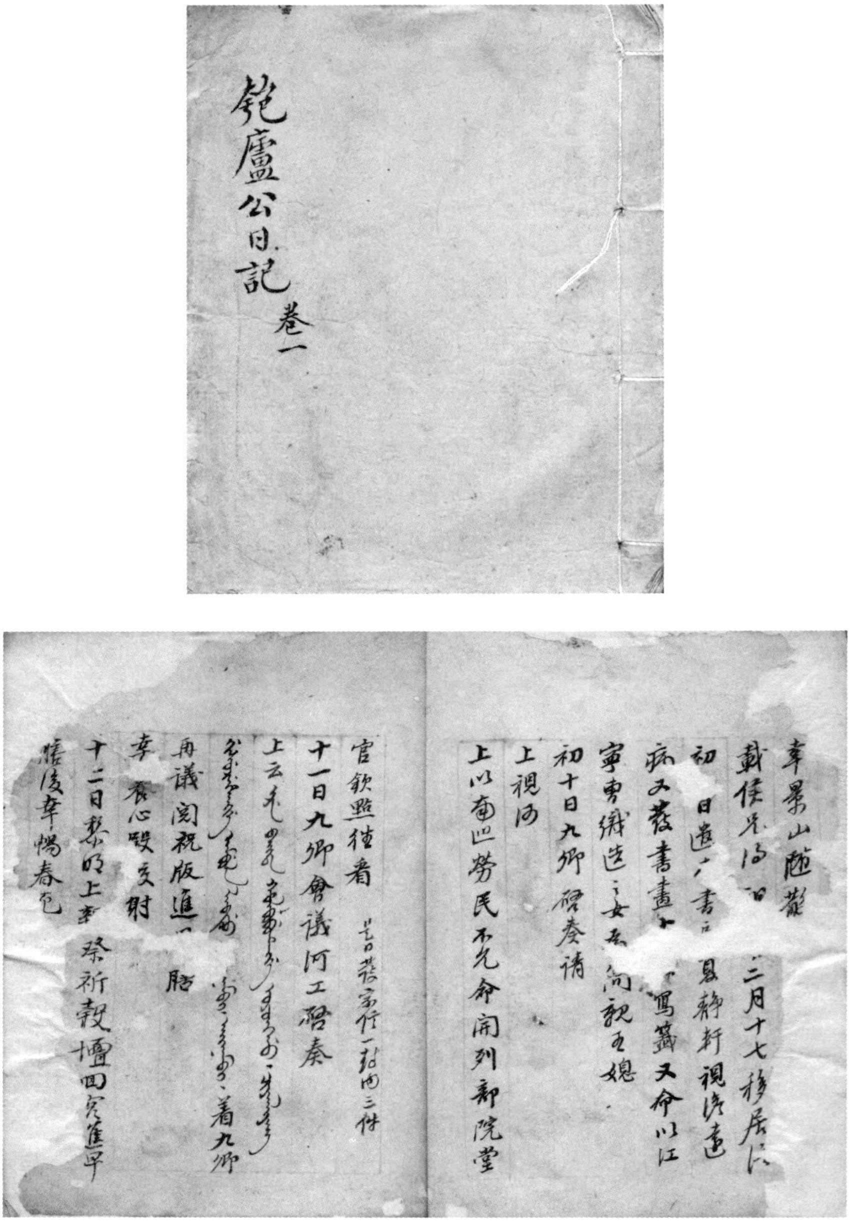

清・陳邦彦《匏盧公日記》

匏盧公日記

《匏盧公日記》七卷《摘録匏盧公日記》一卷附《石倉詩選總目》，清陳邦彦撰。稿本。

陳邦彦（一六七八—一七五二），字世南，号春暉、匏盧，浙江海寧人。清康熙四十二年（一七〇三）進士，官至内閣學士、禮部侍郎。書法出自二王，工於小楷，得董其昌精髓，深受康熙賞識，曾奉敕編訂《御訂歷代題畫詩類》。著有《春暉堂書目》《烏衣香牒》《春暉堂集》《陳邦彦手稿》等。

全稿十册，寫於朱絲欄稿紙上，每半葉八行，行字不等。卷一護葉有浮簽，顧廷龍先生題：『陳邦彦，字世南，號春暉，又號匏盧。元龍從子。清康熙進士，官至禮部侍郎。工小楷，有《烏衣香牒》《春駒小譜》。』

《匏盧公日記》現存九卷，計自清康熙四十五年（一七〇六）正月初七日至四十六年（一七〇七）正月初四日、康熙四十六年六月初一日至四十七年（一七〇八）五月初十日、康熙四十八年（一七〇九）

四月初七日至四十九年（一七一〇）四月十四日、康熙五十二年（一七一三）五月初八日至五十四年（一七一五）十二月二十八日、康熙五十五年（一七一六）六月初一日至五十七年（一七一八）十二月三十日、康熙六十一年（一七二二）元旦至十二月二十九日、雍正元年（一七二三）正月十五日至二年（一七二四）四月二十三日、雍正八年（一七三〇）六月二十一日至十三年（一七三五）五月二十一日，後附松茂堂收銀賬（雍正十年、雍正十一年，乾隆三年至七年）。日記每册卷首都有殘損，後經修治。《摘録匏廬公日記》係其後人從以上原稿中逐一加以摘録而成，前有總目，年份、卷數悉按原序，擇要録出，字小行密。惟將日期之干支、天氣等悉數删去，匏廬原文涉及人物用字號，此則改用姓名，令人一目瞭然，記事止於雍正元年，較之原稿少數載，疑有散佚。後附《石倉詩選總目》，鈔録書名、作者。此外，上海圖書館藏《陳邦彦手稿》五件，内含日記二篇、家書二篇、手書一篇，可與此書同觀。

陳氏供奉南齋三十餘載，日記所載，涉及内廷之事。康熙、雍正兩朝記事均先詳後略，詳者一日内皇帝之行蹤、言談無不録之，略者一年僅記數紙，一月或衹有一兩條。其中大事如康熙南巡、北狩以及駕崩等，值得細看。尤其康熙晚年内府編刻書籍，陳氏爲文學侍從之臣，往往親手經辦，記録特多。内府編刻之書如《全唐詩録》《歷代賦彙》《全唐詩》《歷代題畫詩類》等，陳氏與同僚除校勘文字、代擬序言等外，本人也有『寫《文苑英華纂要》板心竟日』的記載。關於内廷畫家如蔣廷錫、王原祁、郎世寧等，也有涉及。如康熙四十五年正月十五日，蔣廷錫進呈所作《桃柳争妍》挂幅一軸，内官李福哈傳旨『你畫甚好，但太多了。北方人看畫大概喜多，朕卻不如此』，可看出康熙對繪畫的個人喜好。後蔣廷錫患病，康熙還賜御醫前去診治。康熙四十六年正月，康熙第六次南巡，胡會恩、宋駿業、王原祁等奏請隨行，奉旨以『年老了不必去罷』。而關於康熙去世前情形，陳氏康熙六十一年十一月日記不甚詳細，僅初七日提到『駕回西苑』，十三日當天因『未刻，玉箴伯辭世，即往探喪』，次日便記『早聞大行皇帝於昨十三日亥時上賓』，十二月初五日奉雍正帝旨意，仍照舊與張廷璐一同内廷行走，餘未多言。總之，陳氏日記對於研究康雍兩代内廷之事具有重要參考價值。（李軍）

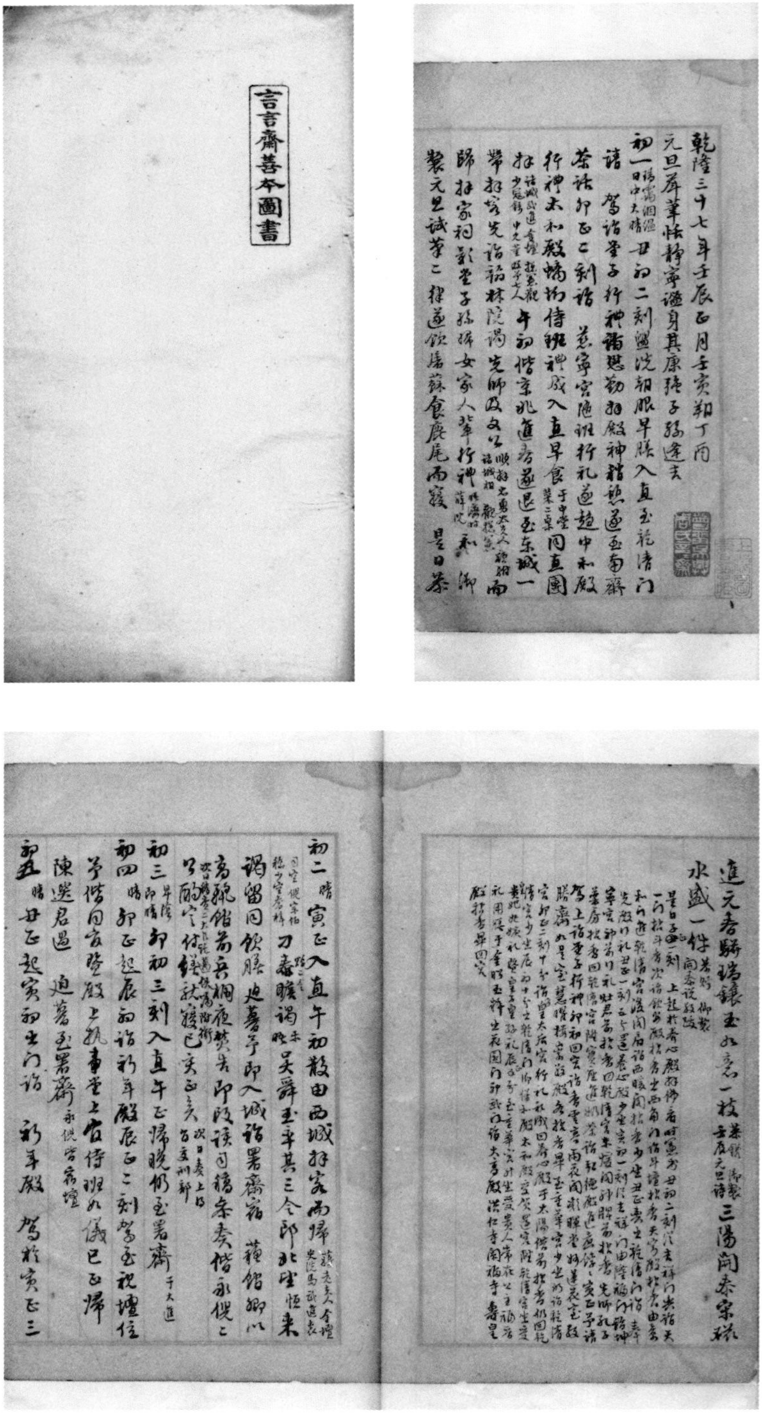

清・王際華《王際華日記》

王際華日記

《王際華日記》不分卷，清王際華撰。稿本。

王際華（約一七一七—一七七七），字秋瑞，號白齋，浙江錢塘（今杭州）人。清乾隆十年（一七四五）一甲三名進士，官至禮部、户部尚書。乾隆四十二年（一七七七）卒（據胡適説，見《戴震的官本〈水經注〉最早引起的猜疑》『王際華死於乾隆四十二年三月，《四庫檔案》作四十一年三月，誤』），謚文莊，追贈太子少傅。乾隆年間修《四庫全書》，充總裁官兼武英殿事。《清稗類鈔·恩遇類》謂王際華入值内廷二十四年，以除夕蒙賜福字二十四懸其室，因號二十四福堂。其家進呈《四庫》底本多至四十種，《四庫總目》著録作『户部尚書王際華家藏本』。王氏在四庫館中，與紀昀似不甚相得。臺北傅斯年圖書館藏《花王閣剩稿》（清嘉慶四年紀氏閱微草堂刻本），有張問仁過録紀昀跋曰：『右先高祖遺詩一卷，余編《四庫全書》，嘗録入集部，會提調有搆余於王文莊者，謂余濫登其家集。文莊取閲良久，曰：「此衰世哀怨之音，少臺閣富貴之氣象，可勿録也。」遂改存目，同館或咎余當以理争，不必引嫌。嗟乎，此公豈可以理争乎？拈記見斥之始末，俾後人知之而已。庚子八月，因曝書檢視偶記。昀。』此跋輾轉傳録，是否屬實待考。

按《王際華日記》稿本今存者，所知有二：一爲乾隆三十五年（一七七〇）正月至九月、乾隆三十九年（一七七四）正月至十二月，原爲長樂鄭振鐸舊藏，今藏中國國家圖書館，已全本影印入《歷代日記叢鈔》；一爲乾隆三十七年（一七七二）正月至十二月，原吴興周越然舊藏，今藏上海圖書館，即此本，陳左高先生《歷代日記叢談》著録，題作『王際華《壬辰日記》未刊稿』。

上海圖書館藏王際華乾隆三十七年日記，四册，稿本，不分卷。朱絲欄，半葉十行。書前鈐『王際華』陰陽文方印、『白齋際華』朱文方印，又有『言言齋善本圖書』朱文長方印，卷首有『曾留吴興周氏言言齋』白文長方印、『上海圖書館藏』朱文長方印。稿中另有『澹如居士』朱文方印，最末兩葉書口下角破損缺字。此書原爲民國藏書家周越然言言齋舊藏本，周氏所撰《書談》一文，曾著録此稿。該書前附録小傳：『王際華，字秋瑞，號白齋，錢塘人。元彬孫，雲廷子。乾隆乙丑一甲第三名進士，歷官户部尚書，贈太子太保，謚文莊。有《白齋詩存》。』與周越然《書談》文字相近，或即周氏所題。又書中有『曾經民國二十五年浙江省文獻展覽會陳列』朱文大方印，蓋民國二十五年（一九三六）杭州舉辦浙江省文獻展覽會，當時江浙藏書家各出所藏，共襄盛會，周氏亦送書多種參展，此稿即在其中。

此稿爲乾隆三十七年王際華入值武英殿時所記，詳記宫廷内見聞、乾隆皇帝活動等。如正月初八日：『上幸瀛臺，予因先期派出重華宫聯句，遂不赴孟春時享陪祀。辰初入值，巳初上回宫，宣召大學士高公（晉）……于公（敏中）……共二十人，詣重華宫茶宴。演戲三齣（柏梁體。《太白醉罵》《癡夢》《夢梅赴試》。未完）。即席恭和御製七律二首，賜碧玉如意乙枝，金星研一方，張渥「雪夜訪戴」一軸，沈周「溪午納凉」一軸，皆有御書題句，續入《石渠寶笈》上等者也。拜恩而出。』當日宫廷賞賜之厚，可窺一斑。王氏公務之暇，在京經常看戲，日記中多記宴飲觀劇，如八月二十二日：『赴雲溪喜筵，雅芳班演《三笑姻緣》』，稿中所記戲班，又有泰成班、保和班等，可爲研究戲曲史者所取資。二月三十日記有『圍籌譜』，謂『係錢狀元所説』，其法類骰子戲，此譜周越然曾鈔入《圍籌》一文〔見民國二十二年（一九三三）年十一月二十九日《京報》〕。稿中并記邦國大事，如二月初十日宴琉球使臣，十二日宴高麗使臣，并記賞賜琉球國王之物件詳單。三月十五日記，録欽天監推算當月月食時刻。另詳録京中會試榜單，取進士朝考者姓名籍貫。王際華在朝，與畢沅等往來密切，多記當朝名人吊喪期日，亦足資考證乾隆朝大臣卒年。（林振嶽）

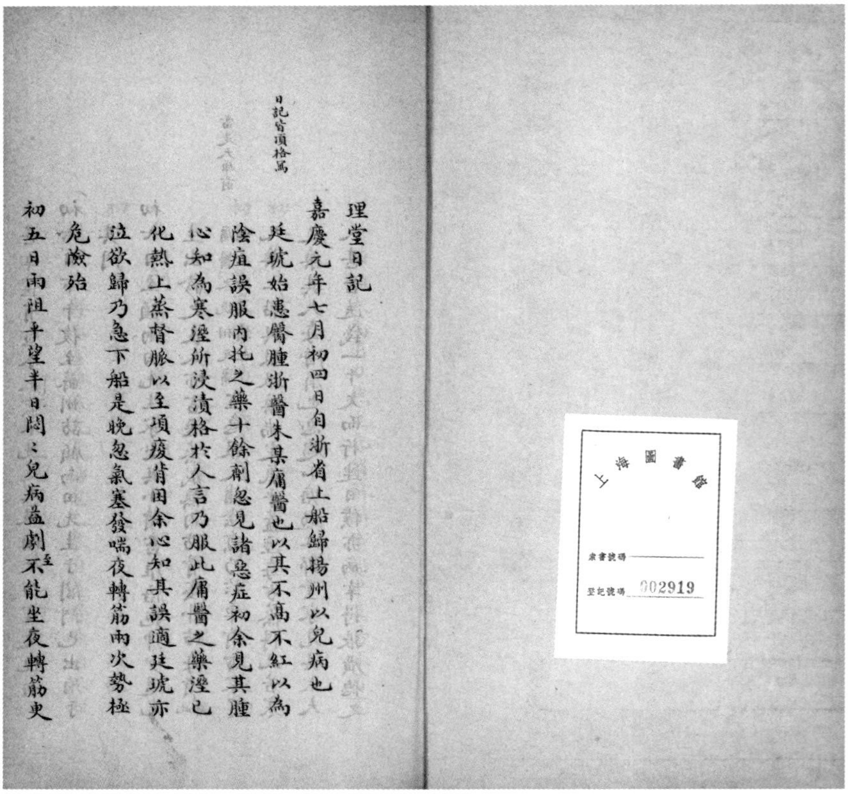
日記皆頂格寫

理堂日記
嘉慶元年七月初四日自浙省上船歸揚州以兒病也
廷琥始患臂腫浙醫朱某庸醫也以其不高不紅以為
陰疽誤服內托之藥十餘劑忽見諸惡症初余見其腫
心知為寒溼所浸漬格於人言乃服此庸醫之藥溼已
化熱上蒸督脈以至項痠背困余心知其誤適廷琥亦
泣欲歸乃急下船是晚忽氣塞發喘夜轉筋兩次勢極
危險殆
初五日雨阻平望半日悶悶兒病益劇至不能坐夜轉筋更

清・焦循《理堂日記》

理堂日記

《理堂日記》不分卷，清焦循撰。清鈔本。

焦循（一七六三—一八二〇），字理堂，一作里堂，晚號里堂老人，江蘇江都（今揚州）人。焦氏三世傳經，自幼研《易》，頗有心得，經史之外，於音韻、醫學、詩詞、戲曲無所不通。侍母至孝，母病，謝絶應試，深居簡出，以『雕菰』明志。性嗜藏書，於鄉邦文獻、故友遺書，孜孜以求，貯書處名雕菰樓。著有《易通釋》二十卷、《易圖略》八卷、《易章句》十二卷、《孟子正義》三十卷、《六經補疏》二十卷、《雕菰樓文集》二十四卷等。

《理堂日記》爲焦氏清嘉慶元年（一七九六）七月初四日至十二月初二日記，詳記焦氏半年間於浙江湖州、德清、長興、武康、安吉、烏程、歸安、孝豐、開化、常山、江山、金華、蘭溪、義烏、湯溪、東陽、武義、浦江、永康、遂安、淳安、桐廬、壽昌、建德等地活動，如至各地出題閲卷，沿途游覽名勝古迹情形，如曾夜游太湖，又游嘉興煙雨樓，登杭州吴山絶頂，覽衢州雙塔等。《理堂日記》還記録焦氏與王引之、李斗、江補僧等人交游情形。如曾代阮元致書王引之，又摘鈔陳維崧《湖海樓文集》中《依園游記》、萬斯同爲胡渭《易圖明辨》所作序文、錢倹選《春秋左傳地名考》序言等。《理堂日記》多記逸聞軼事。如名醫李振聲爲人治療疑難雜癥之醫案；陳友諒部屬後裔以船爲家，不得上岸，并禁止參加科考；嘉慶元年十一月十六日晚月食；杭州大火燒死七千餘人等，足資見聞而補史缺。

《理堂日記》現存鈔本兩部，一爲清歸安姚氏咫進齋鈔本，現藏國家圖書館；一爲佚名鈔本，現藏上海圖書館。上圖藏本係楷書鈔寫，用無格稿紙，每半葉九行，行十八字，小字雙行同。無藏印題識，有佚名眉批。觀其所避『寧』『淳』二字諱，鈔寫當在清同治以後。

細觀此本眉批内容，多爲對日記謄鈔之意見。如嘉慶元年七月初四日記有『日記皆頂格寫』，『低一格移在第一行』『忽改小字此何理也？應低一格大寫』云云，其語氣類長者之指點，可知批者與鈔者爲同時之人。又據十一月初五日眉批『末韻原本改云「徘徊晴壑景，欲與九仙群」，「群」字復照改』；十五日眉批『大字居中寫，原本有「此詩笑話鈔録於此」八字』云云，可知批者手中持有《理堂日記》原本，而批者、鈔者爲誰，仍未可知。（金曉東）

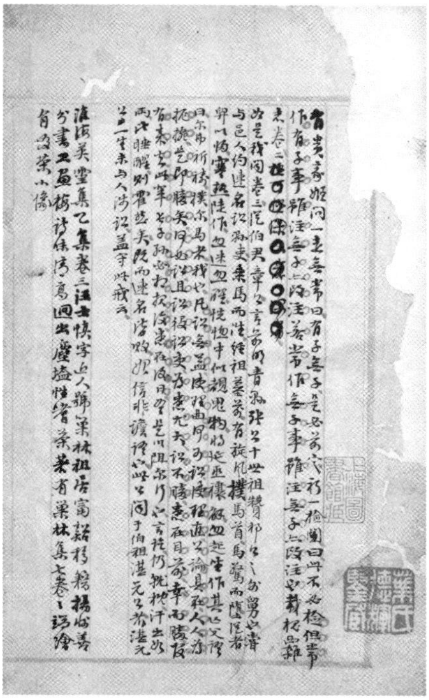

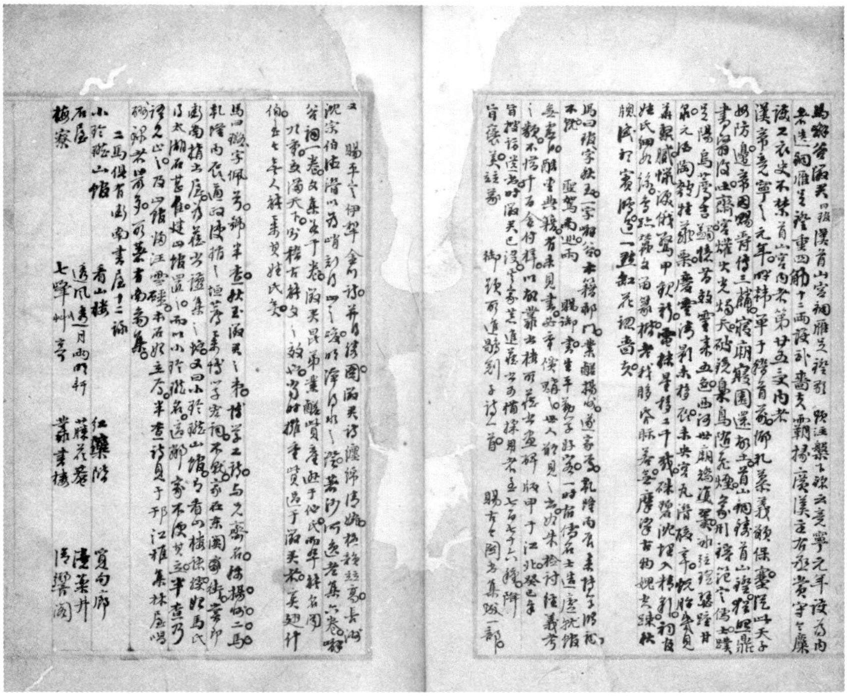

清・張廷濟《張廷濟日記》

張廷濟日記

《張叔未日記》不分卷《清儀閣日記》不分卷《張叔未日記雜稿》不分卷，清張廷濟撰。稿本。

張廷濟（一七六八—一八四八），原名汝林，字順安，號叔未，晚號眉壽老人，浙江嘉興人。清嘉慶三年（一七九八）解元，後屢試不中，退居鄉里，以圖書古物自娱，尤以金石之學著稱於世。一生著述弘富，有《古鑒齋鐘鼎款識》《清儀閣古泉文字拓本》《清儀閣題跋》《桂馨堂集》《清儀閣雜詠》《清儀閣詩稿》等，多未刊稿本。

張廷濟日記原稿，據云有百册之數，歷經散亂，尚存二十餘册。上海圖書館藏有三種：其一，《張叔未日記》一册，寫於朱絲欄稿紙上，半葉九行，行字不等，鈐有『葉氏德輝鑒藏』白文方印，現存嘉慶三年至七年（一七九八—一八〇二）日記。其二，《清儀閣日記》一册，寫於朱絲欄稿紙上，半葉十行，行字不等，鈐有『卷盦六十六以後所收書』白文方印，現存嘉慶十年（一八〇五）元旦至十二月二十九日，卷末有觀款『光緒辛巳春三月二十有一日夕，胡鑁秉燭觀并記』。其三，《張叔未日記雜稿》十一册，所用稿紙不一，行格亦不相同，鈐有『徐安』朱文方印、『某厓神交師友』朱文方印、『萬中立』白文長印等，現存嘉慶十五年至二十年（一八一〇—一八一五）日記，四册；其中清道光十九年至二十年（一八三九—一八四〇）雜録詩文、銘聯、信札等，二册；《順安詩草》一册，收録道光二十二年至二十六年（一八四二—一八四六）年間詩作，部分見於刻本；雜稿四册，雜録題跋、金石目、碑目等。

此外，國家圖書館藏有《張叔未日記》稿本，七册，存嘉慶九年（一八〇四）、道光元年至二年（一八二一—一八二二）日記；蘇州博物館藏有《張廷濟日記》兩册，存嘉慶十三年（一八〇八）、嘉慶二十三年（一八一八）日記；臺北『中央圖書館』藏有日記鈔本一册，存嘉慶十四年（一八〇九）日記。蘇州博物館藏本亦有萬中立藏印，臺北鈔本摹有萬氏印，可知與上海圖書館藏《張叔未日記雜稿》同出一源。而據王欣夫《清儀閣筆記跋》稱，曾於民國十一年（一九二二）從沈佺（期仲）處看到張氏原稿一箱，恐亦此類日記、雜稿之屬。

張氏日記雖有年月，或時有失記事，但對於瞭解張廷濟的個人經歷、收藏、治學提供了豐富材料，也爲瞭解清代中期江南地區文人的日常生活提供了參考。如嘉慶九年嘉興因暴雨成災，農桑歉收，六七月間張氏家鄉新篁鎮發生搶米事件，張廷濟與邑中紳士出面，要求府縣彈壓，平息暴動。此後當地發生災情，張氏又領銜出面，組織賑濟，可見其在地方上之影響。日記又將該日所得古物、相關考釋以及詩文、信札底稿等，悉數附録每日記事之後，以致十分蕪雜，甚至一日所記連篇纍牘，數紙未盡，故有以『筆記』命名者。正因其紛繁蕪雜，張氏及其後人編訂詩集、金石學著作時，往往以此爲淵藪。（李軍）

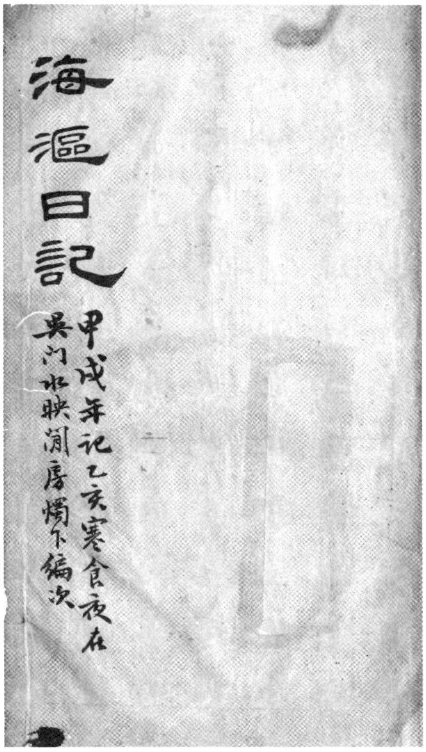

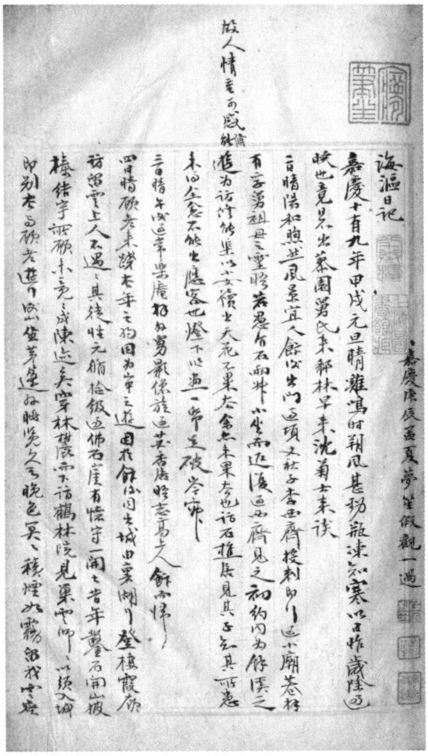

清·倪稻孫《海漚日記》

海漚日記

《海漚日記》不分卷，清倪稻孫撰。稿本。

倪稻孫（一七七四—一八一八），本姓淩，字穀民，號米樓、鶴林道人、西湖夢隱，浙江仁和（今杭州）人。倪一擎之孫、倪印元之子。增生。工詩詞，吴錫麒入室弟子，與嚴元照、陳文述等交善，晚年入鶴林道院爲道士。精篆隸，喜畫蘭。著有《蘆中秋瑟譜》《夢隱詞》《雲林堂詩集》。

全稿一册，寫於朱絲欄稿紙上，半葉十二行，行字不等。現存清嘉慶十九年（一八一四）全年日記。書衣題『海漚日記』，小字雙行注『甲戌年記，乙亥寒食夜在吴門水映閒房燭下編次』，蓋書寫於吴中僧舍也。書前護葉鈐『八千卷樓藏書之記』朱文方印、『嘉惠堂丁氏藏書之記』白文方印。卷前有米樓小像一幅，繪倪氏盤膝讀書狀，右側題簽『米樓小像。抱之主簿屬西谷繪。庚寅九月立冬節，小舄題』，鈐『昌祚私印』『字曰伯璣』二朱文小方印，左下角鈐『天然愛好』白文方印。卷端首行題『海漚日記』，下有烏程管以金題款

『嘉慶庚辰孟夏，夢笙假觀一過』一行，并鈐『以金私印』白文方印、『夢笙』朱文方印、『夢筆生』朱文方印，以及『序文收藏』朱文長方印、『八千卷樓』朱文長印。卷末有清道光六年（一八二六）三月奚疑題款、道光十年（一八三〇）立冬盧昌祚跋、道光二十九年（一八四九）閏夏章綬銜題記、民國九年（一九二〇）仲冬吴慶坻跋。據諸家所記，知道光間此稿爲歸安求古精舍主人陳經（抱之）收藏，後由其子幼辛於道光二十九年贈予章綬銜，鈐有『吴興孝義里陳氏藏本』朱文方印、『吴興王孫』朱文方印等，即陳氏父子所加。

倪稻孫日記記事頗爲詳細，正月在杭度歲，走親訪友，游湖看梅，正月二十二日到蘇作幕，與友人游覽吴中湖山，訪禪問道，聽戲飲酒，可見其個性之瀟灑，同時對於瞭解杭州、蘇州等地風土人情，頗有助益。蔣寶齡《墨林今話》謂『米樓性嗜金石，所至搜採考據辯駁，多載其《海漚日記》中』，可見亦曾瀏覽此稿。倪氏記在蘇、杭所結交之友如宋葆淳（芝山）、趙魏（晉齋）、沈欽韓等，皆以金石、小學名世。按照陳左高先生觀點，此稿内容有數端值得重視：首先，倪氏記録明清書畫頗多，如惲壽平、李流芳、藍瑛、楊文驄、陳洪綬、華嵒各家之作；其次，賞鑒金石古器物，如周虎鐓、唐回文鏡、古刀幣、唐虎符、漢弩機之屬，多屬罕見之品；第三，記述所觀賞之戲曲劇目頗多，涉及昆劇、彈詞、寶卷等，如當時最負盛名之蘇州集秀班，爲龔自珍《書金伶》記述之對象。此稿原爲杭州高仁偶舊藏，經陳左高介紹，入藏上海圖書館。（李軍）

梁章鉅日記

初十日 巔英姪 飯後雨 習未見

十一日

十二日 秋審會勘 兩習未見

十三日 榜州來

十四日 作荷水崗亭跋考

十五日

十六日 習道未見

十七日 接賀信 半夜雷雨 捷來四起

十八日 陵橋見信各二件 五更大雷雨

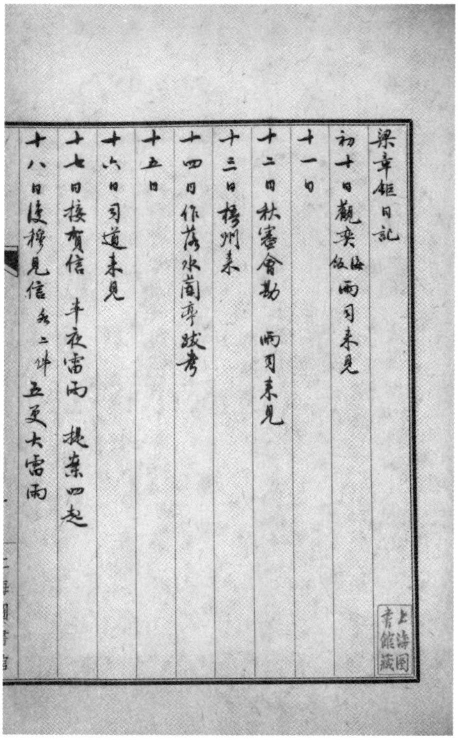

清·梁章鉅《梁章鉅日記》

梁章鉅日記

《梁章鉅日記》一卷，清梁章鉅撰。鈔本。

梁章鉅（一七七五—一八四九），字閎中，又字茝林、芷林、芷鄰，晚號退庵，祖籍長樂，清初徙居福州。清嘉慶七年（一八〇二）進士，改庶吉士，散館以主事用。歷官軍機章京，儀制司員外郎，湖北荆州府知府兼荆宜施道，江南淮海河務兵備道，江蘇、山東按察使，江蘇、甘肅布政使，廣西、江蘇巡撫等。撰述甚豐，有《夏小正經傳通釋》《三國志旁證》《退庵隨筆》《歸田瑣記》《浪跡叢談》《文選旁證》《退庵詩存》《文存》《楹聯叢話》《制義叢話》等數十種。

梁氏日記今存者，所知僅此一種。其傳寫之底本，即《中國古籍善本書目》著録南京圖書館藏《退庵日記》稿本，一卷。然《善本書目》所注爲『清道光二十一年』，繫年稍有出入。《退庵自訂年譜》謂清道光十六年至二十一年（一八三六—一八四一）任廣西巡撫，《日記》五月初七日言『芸圃招游李園，順到五詠堂、風洞山』，七月初二日言『芸圃招游風洞山，極熱』，九月初九日言『七星巖登高，飲於李園』，皆桂林名勝也，知爲桂撫任内所記，惜僅殘存三月初十日至九月二十七日部分。《退庵自訂年譜》又謂『庚子，六十六歲。監臨文武鄉闈，并會同學政考選優貢。輯《楹聯叢話》十二卷』云云，證以《日記》八月初六日言『此後闈務至二十日竣手出闈』，九月初一日言『學臺來，會看優生。入闈寫榜』，初三日言『主考來拜』，初五日言『鹿鳴宴』，初六、初七日言『觴兩主考』，十九日言『出闈關，送主考起身』等，可知正爲道光二十年（一八四〇）所記。近人纂輯《古今游記叢鈔》，其中有梁章鉅《游雁蕩日記》一卷，記道光二十八年（一八四八）三月之行，實從《浪跡續談》卷三輯出，非親見梁氏日記也。

梁氏筆記極富，而日記殊簡，多見客、拜賀、寄信、行香、招引、觀弈之事，當爲備忘而設，本意非以示人。後附『《聯話》送單』及《題鍾偉弢家書卷》詩一首。『送單』所列林則徐、賀長齡、王慶雲、伊里布等數十人，可窺梁氏晚年之交游。又寄廣東、京師書數十部，合計約一百五十部，藉知大吏刻書贈送之情形，其初印之數，亦可推算也。梁氏曾將其詩作彙爲《退庵詩存》二十五卷，大率依年編次，終於道光十六年（一八三六），其後之詩未刻，多零落不存。《日記》所載《題鍾偉弢家書卷》亦爲《詩存》未收，足資輯佚。（宋一明）

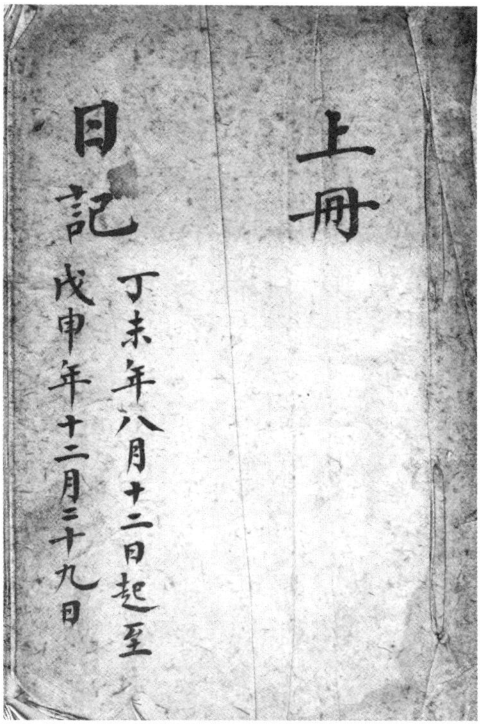
上冊

日記

丁未年八月十二日起至

戊申年十二月二十九日

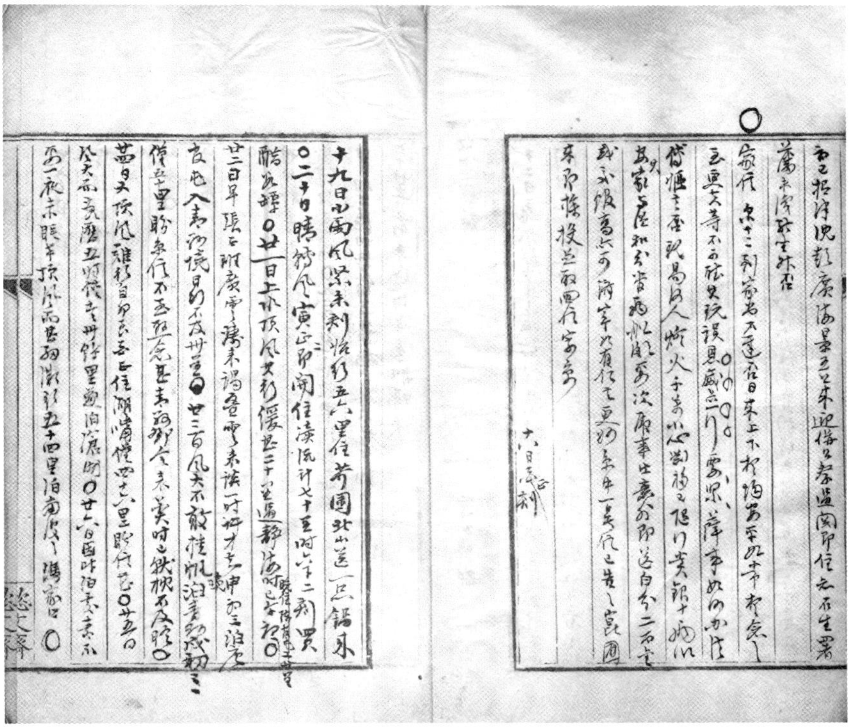

清・何汝霖《何汝霖日記》

何汝霖日記

《何汝霖日記》不分卷，清何汝霖撰。稿本。

何汝霖（一七八一—一八五三），字雨人，又字潤之，江蘇江寧（今南京）人。原籍江西大庾縣，清康熙間，其曾祖始遷至江寧，遂占籍。幼時家遭火難，屋宇盡焚，自是家道漸落，居處無定，然務學不輟。二十二歲（一八〇二）爲生員，清嘉慶十八年（一八一三）選拔貢，考授工部七品京官。六年期滿，奏留本部。清道光五年（一八二五）中舉人，時年四十五歲，自謂『九試秋賦，壯志已灰，此舉誠得之意外』。次年（一八二六），會試不第，即補都水司主事，充軍機章京，纍遷郎中。十六年（一八三六），擢内閣侍讀學士，轉大理寺少卿。與侍郎恩桂到浙江查勘南河料垛。後命在軍機大臣上行走，歷宗人府丞、副都御史。二十二年（一八四二）五月，授兵部右侍郎，十一月調户部。二十三年（一八四三），與大學士敬徵勘東河工程。二十五年（一八四五），擢兵部尚書。尋以母憂歸。江蘇大水，命在籍襄治賑務。服闋，命以一品頂戴署禮部侍郎，旋署户部尚書，仍值軍機處，授禮部尚書。屢以年高乞休，終不允，以清咸豐二年（一八五二）十二月初四日卒於官。謚恪慎，祀鄉賢。所著有《瀋陽紀程》《知所止齋自訂年譜》，另有《何汝霖家書》稿本不分卷，亦藏上海圖書館。傳見宗稷辰《何恪慎公墓誌》（《躬恥齋文鈔》卷十下）、《清史稿》卷三百七十五、《清史列傳》卷六十六、《［同治］續纂江寧府志》卷十四。

《何汝霖日記》稿本，二册，用藍格稿紙書寫，版心有『懿文齋』三字，半葉九行，行字不等。日記自道光二十七年（一八四七）八月十二日起至二十九年（一八四九）九月十六日止，首尾無缺。考何氏《自訂年譜》，道光二十七年五月初七日，母遽逝；八月，携弟買舟扶柩南旋；十月，抵籍治喪，冬月發引；此後在籍守制，至道光二十九年九月二十日，服闋起程北上。如此觀來，何氏此二册日記，皆寫於丁憂期間。其所記内容，除日常起居、讀書及交游外，對道光二十八年至二十九年（一八四八—一八四九）適逢江寧大水，何氏奉旨襄辦賑務，親歷災區，於地方災情及賑災諸務事，記述尤詳。如記二十八年夏日，江潮異漲，遍地積水，城中萬户，半在水中，入秋水始漸落。至二十九年六月，城中復大水，較上年倍之，巷寓一日竟水深數尺，至七月水方退。備災之初，何汝霖首捐銀兩千兩爲衆倡，後受命勘辦災務，設局救濟，分遣官紳各赴災所，計口授食，或移舟粟救人，或給現錢代米，兼施棉衣，災民賴活者甚衆。諸如此類，日記娓娓敘來，水勢之漲落、災情之急緩、傷損之多寡，載録翔實，明白如繪，堪稱出自親歷者記録之道光末江寧地區水利史料。（王風麗）

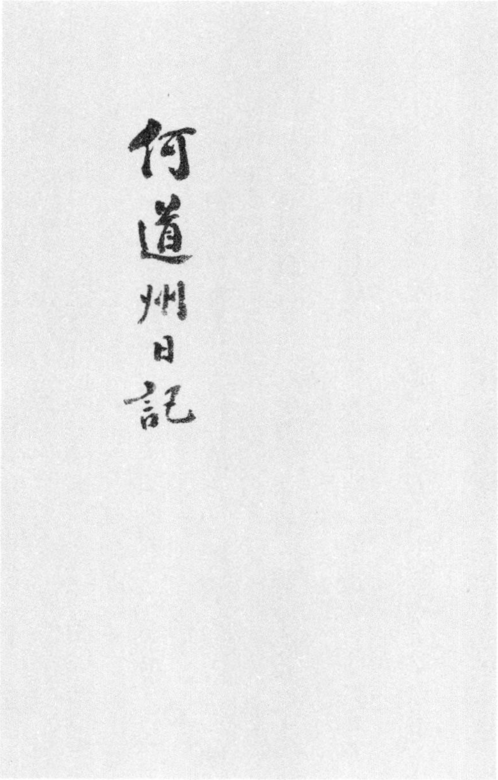
何道州日記

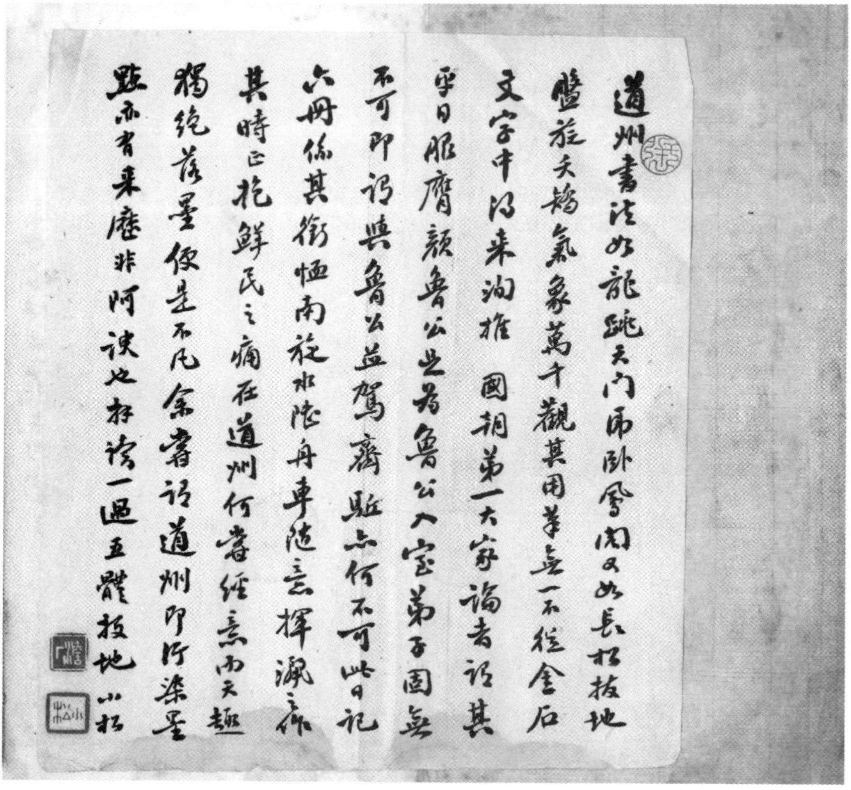
道州書法如龍跳天門虎卧鳳闕又如長松拔地
盤旋夭矯氣象萬千觀其用筆無一不從金石
文字中得來洵推 國朝第一大家論者謂其
平日服膺顏魯公世為魯公入室弟子固無
不可即謂與魯公並駕齊驅亦何不可此日記
六冊係其銜恤南旋水陸舟車隨意揮灑亦
其時正抱鮮民之痛在道州何嘗經意而天趣
獨絕筆墨俊逸不凡余嘗謂道州即所染墨
點亦有來歷非阿諛也拜讀一過五體投地 小松

清・何紹基《何紹基日記》

何紹基日記

《何道州日記》不分卷、《蝯翁日記》不分卷、《何蝯叟日記鈔》不分卷，清何紹基撰。

何紹基（一七九七—一八七三），字子貞，號東洲，一號蝯叟，湖南道州（今道縣）人。清道光十六年（一八三六）進士，選庶吉士，授編修。充武英殿國史館協修、纂修、總纂，國史館提調。歷典福建、貴州、廣東鄉試，清咸豐二年（一八五二）簡放四川學政。後主講濟南濼源書院、長沙城南書院，凡十餘年。清同治間主蘇州、揚州書局，校勘大字《十三經注疏》，兼主浙江孝廉堂講席。同治十二年（一八七三）卒於蘇州。幼承家學，於諸經、《説文》考訂之學用功甚深。嗜金石，書學顔魯公，遍臨周秦篆籀、漢魏碑版，自成一家，爲世所重。論詩推崇宋人，自作則出入蘇、黄間。撰有《東洲草堂詩鈔》三十卷、《文鈔》二十卷。

何氏日記今存者，已知有道光十四年至十五年（一八三四—一八三五）、道光十九年至二十六年

（一八三九—一八四六）、道光二十七年至二十八年（一八四七—一八四八）、道光三十年（一八五〇）、咸豐元年至二年（一八五一—一八五二）、咸豐四年（一八五四）、咸豐十年至同治元年（一八六〇—一八六二）、同治三年至四年（一八六四—一八六五）等册，分藏中國國家圖書館、中國科學院圖書館、上海圖書館、湖南圖書館、湖南省博物館及臺灣等處，題名不一，有『東洲草堂日記』『何道州日記』『蝯翁日記』『草堂日記』『何紹基日記』『種竹日記』諸名目。其中已影印出版者，僅見湖南省博物館藏《種竹日記》、臺灣世界書局《何紹基手寫日記》及湖南省社會科學院圖書館藏本數種。近人茶陵譚澤闓，曾仿王季烈摘録葉昌熾《緣督廬日記》之例，專輯何氏日記中有關金石碑版、法書名畫者，編爲《何蝯叟日記鈔》，有聶繡君鈔本不分卷，藏於上海圖書館。

上海圖書館所藏何氏日記手稿本二種，《蝯翁日記》爲道光十五年，《何道州日記》爲道光三十年至咸豐元年，皆其返湘時所記。

《蝯翁日記》起六月二十二日，迄十一月十五日。經翁同龢、丁國鈞、趙不騫、丁祖蔭遞藏，有翁同龢、丁祖蔭跋文。民國初鄧實、繆荃孫輯《古學彙刊》第一集，載《何蝯叟日記》一卷，提要稱係據稿本排印，謂『道光乙未蝯叟歸應鄉試，由京而湘，中解元，復由湘而北。此摘其談書畫、應科舉諸事』云云。然檢八月三十日條後丁國鈞注，知非出稿本，乃出自丁氏鈔本。又與稿本相校，更知非僅節選摘録，文字亦多不同。考何氏生平學説，仍當以日記稿本爲據也。

《何道州日記》起道光三十年三月二十八日，迄咸豐元年閏八月初六日。有黄易題識、張澹厂跋。道光二十九年冬，何母廖氏卒於京師，次年三月奉柩歸湘，道經直隸、山東、江蘇、浙江、江西，九月末抵湖南善化。日記多記沿途友人往來，賞鑒古物法書之事。五月初二日云：『展閲青主書陳右元詩卷，爲右元評改《秋詩》卅首，殊有趣。後有包慎伯跋，乃妄貶青主，「之前見其數幀，擢居能上，若早見此卷，當更以□□矣」，真謬誕也。青主書意，豈慎翁所能解耶？』可與《東洲草堂詩鈔》卷十《羅蘇溪方伯前輩齋中觀傅青主書》『誤信山陰《筆陣圖》，縱横排比總書奴。《麻姑壇記》能醫俗，除卻真山解道無』，及《文鈔》卷十一《跋徐壽蘅藏董香光書卷》『昔年老友包慎伯評書多偏執』等語相質證。《詩鈔》依年編次，丁憂期間未有詩作，卷十三止於道光二十九年，卷十四始於咸豐二年，知何氏居喪期間之行止，惟據此日記始得其詳。（宋一明）

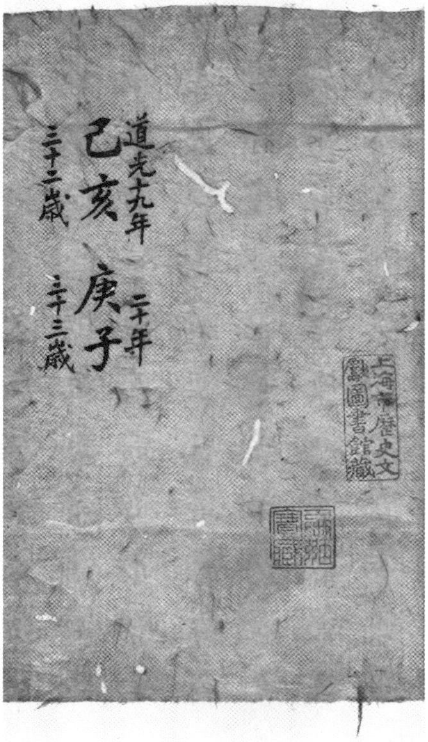

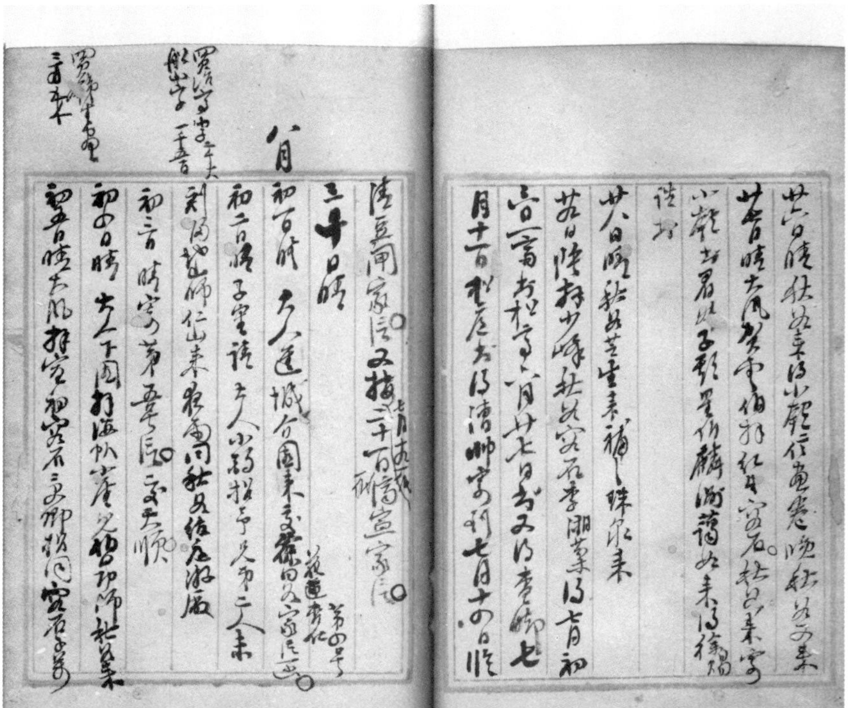

清・潘曾瑩《小鷗波館日記》

小鷗波館日記

《小鷗波館日記》不分卷，清潘曾瑩撰。稿本。

潘曾瑩（一八〇八—一八七八），字申甫，號星齋、黼廷，江蘇吴縣（今蘇州）人。潘世恩次子。清道光二十一年（一八四一）進士，官翰林院編修、雲南鄉試考官、光禄寺卿、吏部左侍郎等職。尤長於史學，工詩古文詞。收藏書畫甚富，室名曰小鷗波館。著有《小鷗波館畫識》《小鷗波館詩文集》等。

《日記》全稿四十册，分别寫於朱絲欄、紅方格稿紙上，半葉八行，行字不等，現存道光十九年（一八三九）正月初三日至清光緒四年（一八七八）三月初一日日記。首册書衣題『道光十九年，己亥，三十二歲。二十年，庚子，三十三歲』，干支作大字，其餘均爲小字。鈐有『承弼寶藏』朱文方印。内更有原封題『日記一』，并記己亥至甲辰六年干支。書前護葉鈐『承弼世守』朱文方印。此書爲潘景鄭先生所藏先人著述之一，後入藏上海圖書館。

據《潘星齋行述》載，潘曾瑩卒於光緒四年三月三日丑刻，享年七十一歲。日記始於三十二歲，終於去世前兩天，計四十年，缺者無幾，足見其一生功夫，毫不懈怠，惜記事頗爲簡略。《日記》主要以往來人物姓名、一日行蹤、收寄信函爲主，因長期在京爲官，加之潘氏一族人才輩出，出任京官、外職者甚多，故人際關係極爲廣泛而複雜，但失之過簡。潘氏受父親潘世恩影響巨大，曾將早年父親家信中有關教導之語，輯録成《文恭公遺訓》，從潘曾瑩行事看，亦深受家風影響。日記對於研究潘氏家族，尤其潘世恩、潘曾瑩四兄弟及其子姪輩之生老病死、生平大事等，具獨有之價值。

另外，蘇州博物館藏有其道光二十六年（一八四六）閏五月十四日至九月初二日《丙午使滇日記》，道光三十年（一八五〇）三月初六日至四月初十日《鎖闈偶記》，咸豐三年（一八五三）三月初六日至四月初十日《癸丑鎖闈日記》三種，爲其日記之外單册，潘景鄭先生曾於民國間影印收入《陟岡樓叢刊》。值得注意的是，以上三册日記所記年月，《小鷗波館日記》中并不缺失，而是相對簡略。將兩者字迹相互比勘，《小鷗波館日記》中《丙午使滇日記》這段筆迹係本人所寫，然記事略有删減，《鎖闈偶記》這段筆迹與潘曾瑩本人略有不同，可能係命兒輩謄録，故而推斷潘氏外出、入闈時，很可能未將日記原本隨身攜出，事後返家才補入，以致存在與之時間重複、内容更爲豐富的某時期日記單册，此亦古人日記存在不同版本的現象之一。（李軍）

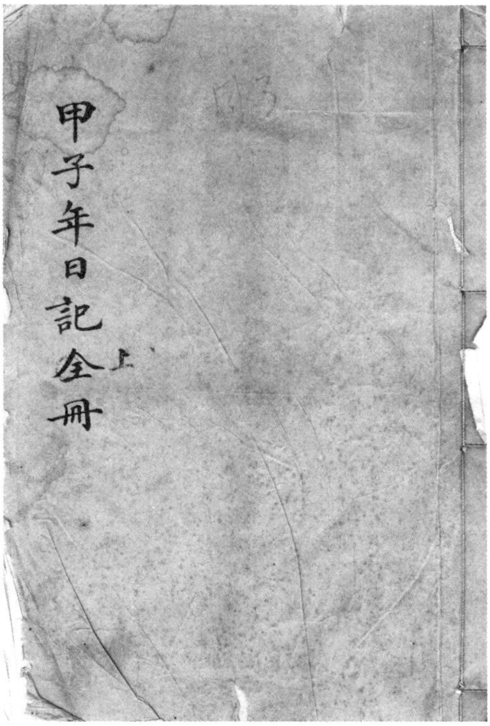

甲子年日記全冊　上

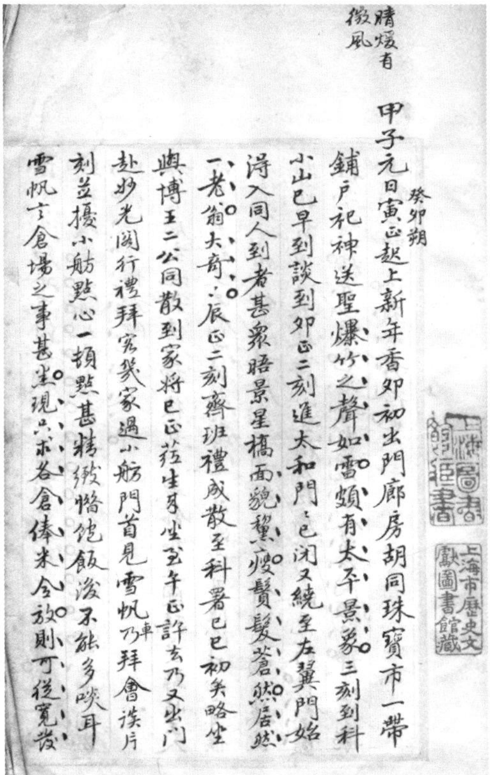

晴煖有
微風

甲子元日癸卯朔寅正起上新年香卯初出門廊房胡同珠寶市一帶
鋪戶祀神送聖爆竹之聲如雷頗有太平景象三刻到科
小山已早到談到卯正二刻進太和門門已閉又繞至左翼門始
得入同人到者甚衆晤景星橋面貌黧瘦鬢髮蒼然居然
一老翁矣奇奇辰正二刻齊班禮成散至科署巳巳初矣略坐
與博王二公同散到家將巳正菈生来坐至午正許去乃又出門
赴妙光閣行禮拜客幾家過小舫門首見雪帆車乃拜會談片
刻並擾小舫點心一頓點甚精緻惜飽飯後不能多啖耳
雪帆言倉場之事甚悉現在各倉俸米今放則可從寬發

清・何兆瀛《何兆瀛日記》

何兆瀛日記

《何兆瀛日記》不分卷附《潮闈紀言》一卷，清何兆瀛撰。稿本。

何兆瀛（一八〇九—一八九〇），字通甫，號青耜，又號心盦，江蘇上元（今南京）人。何汝霖之子。清道光二十六年（一八四六）舉人，以名孝廉仕浙，洊升杭嘉湖道，後擢廣東鹽運使。平生好讀書，博學多通，常以文章詩酒自娱。工書，學趙、董、張三文敏。著有《心庵詩存》《心庵詞存》《老學後庵文集》《泥雪録》等。

全書三十三册，松竹齋朱絲欄稿紙書寫，還有臨時用無格素紙所記日記。半葉九行，行字不等。現存清同治三年至四年（一八六四—一八六五）、清光緒元年（一八七五）、光緒三年至六年（一八七七—一八八〇）、光緒八年（一八八二）至十六年（一八九〇）十一月初九日，後附《潮闈紀言》存同治六年（一八六七）八月至九月，共計十六年兩個月。書中鈐『歸雪盦主人』『作退一步想』『四朝官是五朝人』

『八十二翁』等印。何氏日記與其子何承禧《介夫日記》時間悉數重合，光緒三年以後各年與其孫何蔭枏《鉏月館日記》重合，惜其父何汝霖晚年日記散失，否則亦可相互對讀。

何兆瀛幼年即隨父入都居住，同治三、四年記京師任郎官時事，光緒元年以後爲赴浙後日記。同治三年正月初四日言及『聞廠甸業已熱鬧，固由買賣心急，然亦是好事者爲之。余在京四十八年，此事實覺味同嚼蠟』，是年何氏五十五歲，依此推算其於七歲時便已入京，此後讀書、應試、成家、出仕，兒子何承禧、孫子何蔭枏、何蔚紳等亦都在京師出生、成長。從京中兩年日記所載看，何兆瀛與卞寶第、許宗衡、潘曾綬、潘祖蔭等多有交往，三月二十一日記『聞潘伯今日擢副憲，年甫三十四，已晉長烏臺，此事固有命，所有各有前因，莫羡人也』，其實正是對潘祖蔭三十餘歲擢升要職不無羡慕的表現。儘管當時子孫輩與他同居一處，但日記反而很少提及，一年中不過數次，如五月十八日早晨許宗衡來訪，何氏未起床，由何兆禧接待。比對父子乃至祖孫三代人在浙江時期的日記，不難發現，生活在一起的他們，各自的生活重心、日常關注之事各不相同，惟有共同的親人生離死別時，才會集中在一點。從何兆瀛日記中，可以看到，其次女病逝，之後何氏親自爲之題主，作者豐富的心理狀態，都有所表現。同年五月二十三日何氏長孫、何蔭枏長兄夭折，何兆瀛也詳加記録。次年正月元旦，作者特意帶何蔭枏、何蔚紳兩孫游火神廟。五月十五日又率兩孫赴博古齋裱對裝書，順道信遠齋買餹，可見長孫去世，使他更愛惜在世的兩個孫子。同樣，日記中也有對時事的記述，如三年三月初十日聽聞杭州收復，實爲『空城賊棄之而去，我乃以克復入告，爲保舉文武地步』，何氏不無感慨，『外間之事類如此，可嘆可嘆』。四年四月二十九日，聞僧格林沁在鄆城陣亡，『大爲可憂』。生活中如居官時之熱鬧，晚年家居時之寂寞，以及親友間之吊喪賀喜，禮尚往來，日記皆巨細靡遺，一以貫之，令人欽佩。（李軍）

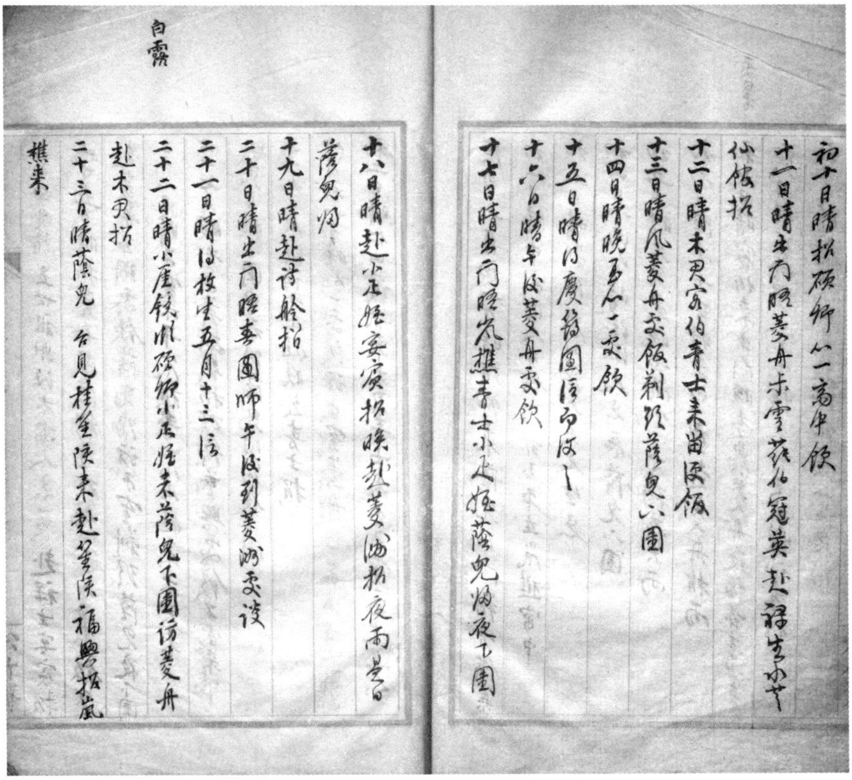

清・潘曾綬《潘曾綬日記》

潘曾綬日記

《陔蘭書屋日記》不分卷，《紱庭日記》不分卷，清潘曾綬撰。稿本。

潘曾綬（一八一〇—一八八三），本名曾鑑，字紱庭，一字若甫，江蘇吴縣（今蘇州）人。世恩二子，曾瑩二弟。幼穎悟，束髮受經，究極師法。清道光二十年（一八四〇）中順天鄉試舉人，次年考取内閣中書，歷充方略館分校，國史館、玉牒館總校，文淵閣檢閲。清咸豐元年（一八五一）擢内閣侍讀，二年（一八五二），父世恩以年高致政，遂引疾乞養親。越二年，丁父憂，又遭母喪，扶柩歸葬，遂不復出仕。未除服，以吴中撫卹事，詔加四品銜。咸豐七年（一八五七），因子祖蔭以翰林學士值南書房，乃就養京邸，自是優游文史，宏獎後進，布衣蕭然，無異寒素。清光緒九年（一八八三）正月卒於京師米市巷之私第，年七十有四，以覃恩封光禄大夫、太子少保。工詩文詞，晚歲尤嗜詩，無一日廢書不觀，著有《陔蘭書屋詩文集》《花影吹笙樓筆記》等行世。

潘氏日記今存者分藏數處，其中道光十四年至十六年（一八三四—一八三六）、道光二十四年至二十五年（一八四四—一八四五）日記，原爲章梫所藏，卷首有王式通、梁鴻志題詩，今藏天津圖書館，已影印收入《天津圖書館孤本秘笈叢書·史部》（中華全國圖書館文獻縮微複製中心，一九九九）。光緒四年至七年（一八七八—一八八一）日記，今藏蘇州博物館，已列入《國家珍貴古籍名録》，二〇一六年文物出版社影印出版。

上海圖書館藏有《潘曾綬日記》兩種，一爲《陔蘭書屋日記》，存道光二十七年至咸豐元年（一八四七—一八五一）。此册原爲潘曾綬姪曾孫景鄭所藏，後捐贈上海圖書館，册首有其題識云：『先曾叔祖紱庭，公諱曾綬，日記一册，起道光二十七年丁未，迄咸豐元年辛亥，前後凡五年。據公《自訂年譜》爲三十八至四十二歲。丁未充國史館總校，纂輯道光十一年至二十年《文職大臣年表》。戊申完竣，議敘加侍讀銜，辛亥補授。明年即告假開缺，自是優游林泉逾卅載，至光緒九年卒，年七十有四。著有《陔蘭書屋詩詞集》行世。公上承高祖文肅公餘蔭，四十以前，回翔館閣。迨致仕後，文勤從祖板輿侍養，與一時名流詩酒唱酬，無簿書鞅掌之勞，所謂富貴神仙，適以當之。是册所記，多酬酢瑣屑，不涉政事，想見當日悠閒之樂，閱今百餘年，可與《東京夢華録》等視耳。』紱庭時在京任職，纂修書籍，所記皆每日到署辦事，僚友交往之事，頗爲簡略。

潘氏日記另一册爲《紱庭日記》，封面親筆題『日記一册，庚申辛酉』八字，存咸豐十年（一八六〇）七月初一日至十一年（一八六一）十二月三十日。時潘氏五十一歲，已致仕，其子祖蔭官翰林學士，遂迎養於京邸，卧疾杜門，以文史自娱，多記延醫療病事。其時交游甚寡，惟與李慈銘、濮文暹等人相往來。偶有出行，如曾游北郊湯山及明長陵等處。亦隨記所見法書名畫、碑帖印譜。日記册後有雜記，鈔録彭績、吴德旋等人詩文及薩都剌《雁門集》摘句，亦隨記人名字號、送禮單、藥方等，并録藏書及書畫目録。册末鈐有印章三十餘方。（秦蓁）

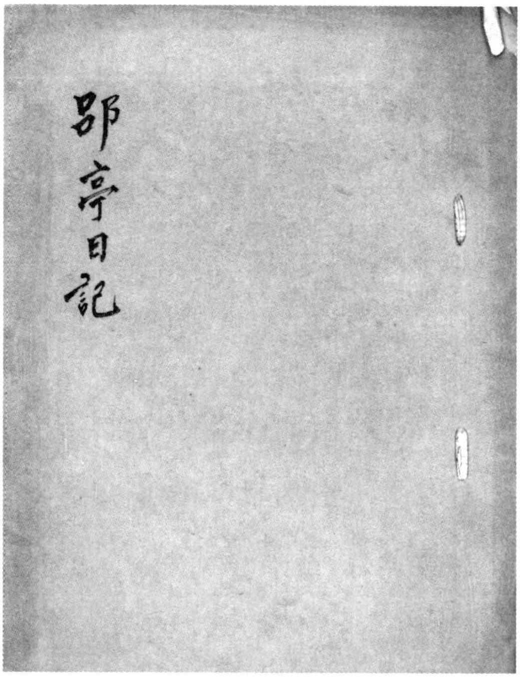

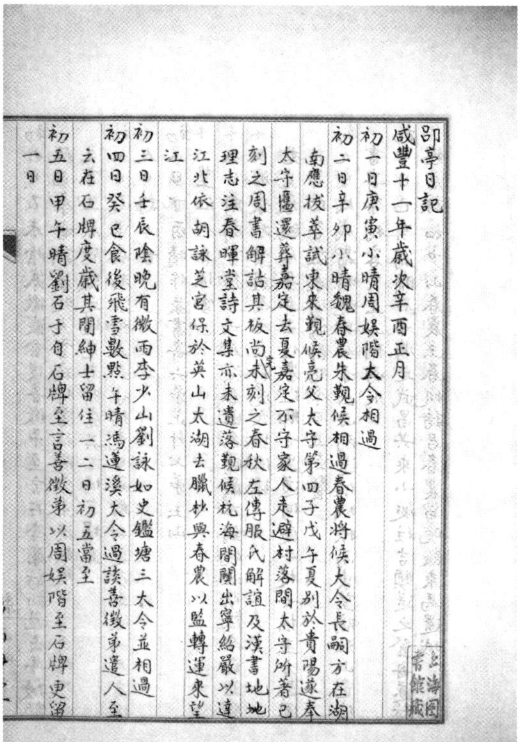

郘亭日記
咸豐十一年歲次辛酉正月
初一日庚寅小晴周娛階太令相過
初二日辛卯小晴魏春農朱覲候相過春農將候大令長嗣方在湖
南應拔萃試東來覲候亮父太守第四子戊午夏别於貴陽遂奉
太守匶還葬嘉定去夏嘉定不守家人走避村落聞太守所著已
刻之周書解詁其板尚未刻之春秋左傳服氏解誼及漢書地地
理志注春暉堂詩文集亦未遺落覲候杭海間關出寧紹嚴以達
江北依胡詠芝宫保於英山太湖去臘抄與春農以監轉運來望
江
初三日壬辰陰晚有微雨李少山劉詠如史鑑塘三太令並相過
初四日癸巳食後飛雪數點午晴馮蓮溪大令過談善徵弟遣人至
云在石牌度歲其閒紳士留住一二日初五當至
初五日甲午晴劉石子自石牌至言善徵弟以周娛階至石牌更留
一日

清・莫友芝《郘亭日記》

郘亭日記

《郘亭日記》不分卷，清莫友芝撰。鈔本。

莫友芝（一八一一—一八七一），字子偲，號郘亭，晚號眲叟，貴州獨山人。清道光十一年（一八三一）舉人，先後入胡林翼、曾國藩、李鴻章等人幕。莫氏精善鑒藏，訪書搜碑，收藏美富，撰有《宋元舊本書經眼録》《郘亭知見傳本書目》《郘亭詩鈔》《影山詞》等。

莫氏日記稿本今存者，始於清咸豐十年（一八六〇）十月，迄清同治十年（一八七一）八月，分藏各地。今有張劍先生合刊整理本《莫友芝日記》，此咸豐十一年（一八六一）正月初一日至五月三十日日記，爲莫氏日記中流傳最廣者，原稿曾藏澤存書庫，民國間龍榆生據以校刊於《同聲月刊》，稿本今藏臺灣『中央圖書館』，臺灣新文豐《叢書集成三編》曾據以影印，莫氏此種日記，曾多經傳鈔，揚州圖書館、上海圖書館、復旦大學圖書館皆藏有鈔本。復旦所藏爲王欣夫先生抱蜀廬鈔本，《蛾術軒篋存善本書録》著録。

此上海圖書館藏鈔本，卷末有題記『一九六三年八月照原鈔本傳鈔，上海圖書館』，則知此本係據傳鈔本再傳鈔者。案咸豐十一年莫氏年五十一歲，入胡林翼之幕。時值太平天國兵事方殷，日記所存史料甚多。如正月初，莫氏在安徽望江度歲。十八日啓程，欲往祁門大營訪曾國藩。二十日過太湖，先訪胡林翼，胡欲留之幕下，辭之。二十四日，以往祁門路未暢通，遂緩渡江。二月二十九日，胡林翼託莫氏往武昌校勘新纂《讀史并略》，并檢點箴言書院藏書。三月初二日成行，十三日抵武昌，十四日下榻撫署之多桂園，校書補版。其時太平天國軍聲勢尚熾，莫氏身在幕府，日記所記，頗見當時内情。如莫氏日記二月二十二日所記：『楊厚庵軍門十八日信，言洋船泊安慶小南門外者，帶有小劃二隻，竟夜有燈燭，與城賊往來，次日乃開下去。水師皆憤，因問下次該夷船仍如此通賊，徑可攻打否。宫保復以此事應商之滌帥，恐目下尚非其時。中朝無人左右帝室，萬一構衅，洋人不與戰敗之處爲仇，而與都中爲仇，我輩又不能救京師，恐非計也。』王欣夫先生《書録》於此評曰：『時太平天國大軍沿江而下，勢甚盛，鄂、皖、豫各省，連克名城，林翼與李續宜、彭玉麟等窮於應付。子偲身在軍幕，多交名彦，於當時情事，見聞自真。如夷船游弋長江，林翼之恇怯無措，曾國荃隱微深至，國藩之偏私不明，皆以微辭，記載極詳。當與《趙烈文日記》同爲太平天國珍貴史料。』莫氏三月二十六日致其弟祥芝函亦云：『海艘時上時下，挾天子以令封疆，買禁物以濟毛賊，此患尤根蒂盤深，不容措手。』可見當時於洋人之事，因朝廷無力，地方亦投鼠忌器。

莫氏謀食軍幕，青黄不接，常透支薪水。二月三十日，臨去武昌，支領二月半月薪水，并借三、四、五月薪水并舟費，共廿金，并三月二十六日致莫祥芝函曰『我又借得三、四、五月薪水，以零數之八印我詩稿，以二數付彝家用，其二數則分之四家』，『以此时糧臺借支本月，來月即匱竭，無從措手』。五月初七日，『過糧臺，借支三個月薪水』。五月十四日，送黎庶昌赴順天鄉試，『贐之三十兩』。而身處兵事未絶、收支困頓之中，莫氏仍訪書跋碑，不輟藝事。莫氏與其弟祥芝二人，共同訪書，日記頗多記載。如三月二十五日，祥芝寄來嘉靖本《三蘇文粹》，莫氏謂之『鄉里未見此本，而祁門獲之，亦里典足徵者』。三月二十二日，記有『寄交念篁帶回書籍』之書單，即莫氏兄弟在外所得書籍寄回家鄉遵義者。其時軍幕中多名彦，莫氏多與之交往。如彭玉麟時統兵太湖，彭氏以寫梅知名，正月二十八日，莫氏爲彭玉麟作篆書『一生知己是梅花』，彭氏則爲作直幅梅花回贈。莫氏與他人之論藝往復，亦多著於録。三月二十八日，作書寄王闓運，并附《魏孝文比干廟碑》拓本，四月二十九日，謝昺寄來鏡銘六紙。又如正月初二日，記朱右曾『未刻之《春秋左傳服氏解誼》《漢書地理志注》《春暉堂詩文集》，均未遺落』（欣夫先生謂『余曾鈔得其文集』，即今復旦大學圖書館藏王氏學禮齋鈔本《春暉軒集》《春暉軒古文》）。

正月二十八日記道光二十一、二十二年間在南昌北郭外耕出三國東吴中黄武年間銘石事，銘石歸望江倪蓮舫良耀家，欣夫先生補記『其石後又由倪入貴池劉氏聚學軒，公魯曾以拓本屬題，今不知歸誰氏』。

莫氏此日記，非徒研史者可資，凡徵文考獻者，皆有所取焉。（林振嶽）

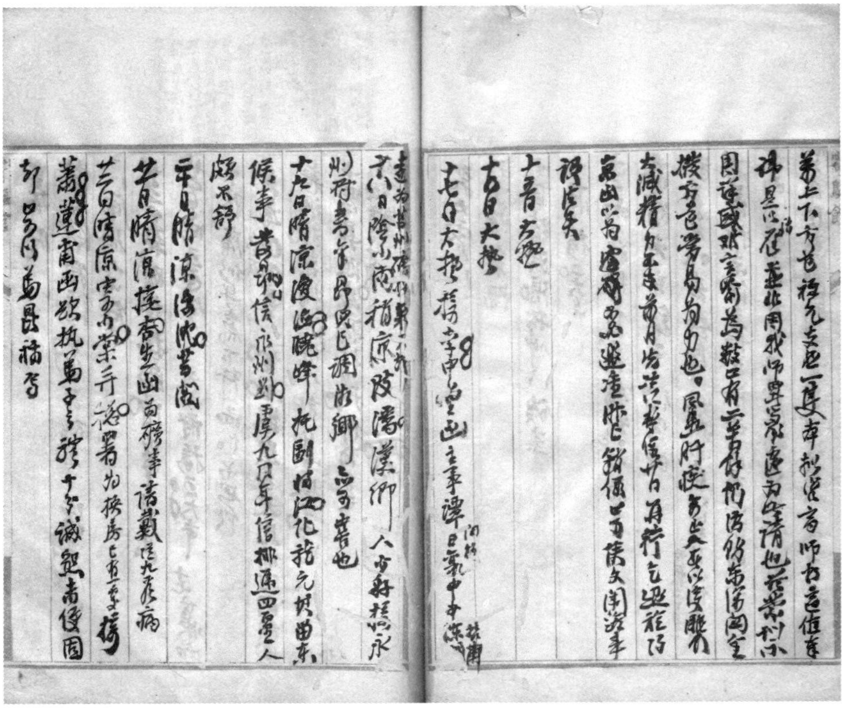

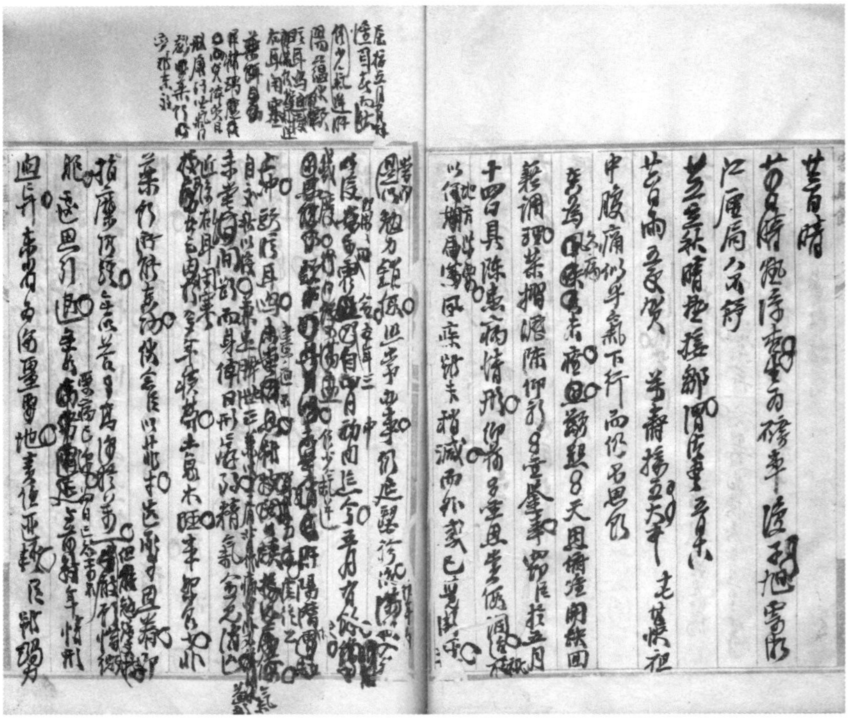

清・任道镕《寄鷗館日記》

寄鷗館日記

《寄鷗館日記》不分卷，清任道鎔撰。稿本。

任道鎔（一八二三—一九〇六），字筱沅，一字礪甫，號寄鷗，室名寄鷗館、歸雲山館、閑閑草堂等，江蘇宜興（今無錫）人。任烜第四子。幼孤，母親王氏自課之，督學甚嚴。清道光二十九年（一八四九）考取拔貢生，選授奉賢縣學訓導。清咸豐中，在籍襄辦團練，抗擊太平軍，積功晉秩知縣。清同治二年（一八六三），擢直隸順德知府、保定知府，皆有善政。經曾國藩、李鴻章等迭薦，擢開歸陳許兵備道，加布政使銜。清光緒元年（一八七五）以後，歷任江西按察使、浙江布政使，改調直隸。七年（一八八一），擢山東巡撫，疏陳營務廢弛，易置統將，以緑營額餉練新軍，責郡縣勤緝捕。後因故被劾褫職，降道員。家居久之。二十一年（一八九五），起河道總督。二十七年（一九〇一），調浙江巡撫。次年，乞病歸。越三年，卒於家，年八十三。所著有《歸雲山館奏議》《閑閑草堂雜著》等。

《寄鷗館日記》稿本，一册。用『寄鷗館』朱絲欄稿紙，四周雙邊，單上魚尾。半葉十行，行字不等。現存光緒七年八月初七日至十二月二十九，光緒八年（一八八二）正月元旦至除夕（内缺六月十五日至二十七日、七月初一日至初七日，近二十天日記），光緒九年（一八八三）元旦至四月二十九日記，前後合計，凡兩年八個月。日記行文頗簡略，而涉及治政、閲兵、家事及與同僚、友人之通信等。如光緒八年三月二十日『閲青州兵，尚整齊』，二十九日『閲淮軍本營』，四月初二日『上蓬萊閣看水操，無甚出色，洋槍隊甚佳』等。任氏爲人至孝，日記中亦有表現，如光緒七年八月初七日記『奉王太夫人到東，觀者如堵。周福清漕帥率司道出郊跪安』，可知其奉母同行。光緒八年七月二十四日僅記『王太夫人腹瀉』六字，至二十九日僅記『晴。王太夫人康復』七字，餘均未及，足見其關注之情。與同僚好友信件往來，僅及名字，而不涉及内容，可見任氏之交游圈，亦足珍也。（李軍）

遜敏齋日記　始同治盡

癸亥四月二十四日偕童瑑珊水部　春洪梅舫同年鍾三徵倬桂鑑洲
瑂張麟洲朔儔淩實波溇諸同鄉扞倬元靈藥肆下午微雨淩韻尚同年
行均在宴賓齋招飲是夕陳蘭谷桂堂宿扞館蒲雲琴舍人貴知退直
詢知春榜
狀元一翁曹源江蘇常熟榜眼龔承鈞湖南湘潭探花張之洞直隸南皮傳臚
二甲周蘭浙江仁和

張麟洲幕遊山左攜有恩竹莊廣訪薦紳兩耆承恩堂集摘錄數詩扞此
雨發洋河云云蜿去不息小雨發洋河客路文遊少淨生感慨多嵐橫
漢烏渡水臘野雲拖戲閒南米雁應徨故過雨祝云欹無聊更放
謌向誰重閒夜如何兩回攬涔聲偏聯詩寫懷人恨轉多翠閣燭沈

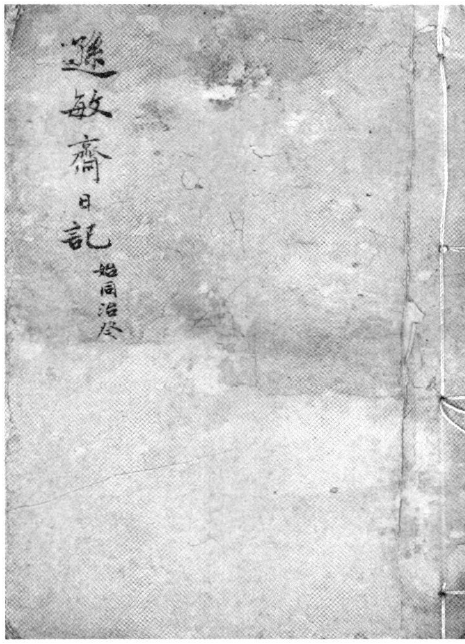

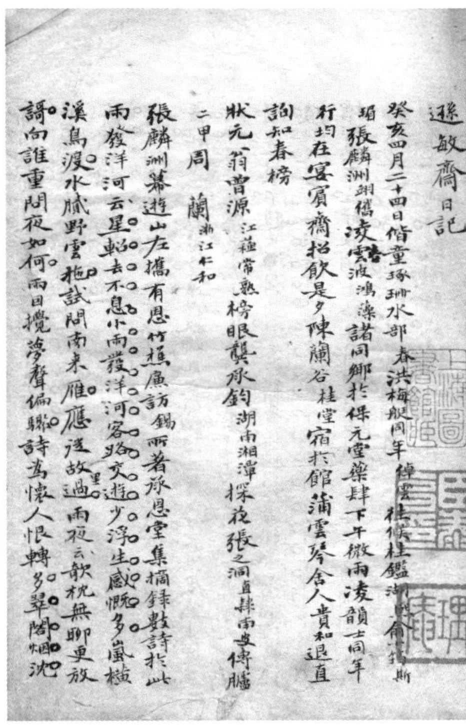

清·楊泰亨《遜敏齋日記》

遜敏齋日記

《遜敏齋日記》，清楊泰亨撰。稿本。

楊泰亨（一八二四—一八九四），字問衢，號理庵，又號履安，浙江慈溪（今寧波市江北區）人。清同治間進士，選翰林院檢討。同治九年（一八七〇）、十二年（一八七三）兩次出任湖南副考官。辭官歸里後，曾主持編修《［光緒］慈溪縣志》，在寧波月湖書院、餘姚隴山書院講學，并創辦榮華堂、楊村公學等慈善公益機構。

史載楊泰亨『生平勤學好問，工詩文，精書法，至老手不釋卷。熟於掌故，搜採鄉邦文獻，不遺餘力。家中建有文徵樓，購善本六萬餘卷貯其中』。所著有《飲雪軒詩集》《飲雪軒筆記》《佩韋齋隨筆》等。嘗補校《海東逸史》刊行之，又集縣人著述《慈溪詩徵》《慈溪文徵》，付刊鄭溱《書帶草堂文集》及胡亦堂《擬樂府二種》。

《泰亨日記》，始自同治二年（一八六三）四月二十四日，止於四年（一八六五）六月二十二日，歷時二年有餘，題爲『遜敏齋日記』，記載其在京供職期間之日常公務、應酬交往、見聞軼事及起居瑣事，從中可窺當時世態。

按：一般認爲，楊泰亨是同治四年進士，清代慣例，即使是翰林院任最低一檔的庶吉士，亦須是進士出身，并經御筆欽點方能入選，由此，楊泰亨在翰林院任職，當在他中進士以後。日記起始年爲同治二年，日記中隨處可見『入值内閣』、繕謄校對皇太后諭旨、年初『内閣團拜』等記載内容，這些當是翰林院的職責和待遇。如果同治二年楊泰亨確已進入翰林院，那麼此时他應該已经具有進士的身份了。如甲子年（一八六四）二月二十八日記，童介山自山西解餉歸來，述山西巡撫沈桂芬對屬下二百餘州縣官『試以策論，觀其底蘊』，結果因『捐班過多』無法施行，遂改爲『啓門面試，默寫履歷』，結果有『先期告假者』，有『眼目昏花者不勝作端楷，則稱曾經落海被鹵壞眼』者，有『提筆而手戰，則稱因覆車而折臂』者，有書『捐餉』而誤作『損餉』者，有書『推升』而誤作『摧升』者，一時傳爲笑柄。有人因作詩調侃云：『縣令堂堂者，驚聞院試期。翻車肱半折，落海眼全迷。官爵摧升日，功名損餉時。早知今日苦，恨讀十年遲。』清季官場腐朽狀況，歷歷在目，可發一笑。日記正文之後，附有一批咸豐間鈔録的文獻，未標日期。日記始於著者三十九歲時，正當精力健旺之年，所記内容，可作正史記載之印證或補遺，至於家務私事、吟詩作賦等記載，更爲研究楊氏生平之第一手資料。

泰亨日記内容，大抵可分爲以下幾部分：一是鈔録詩詞文賦，所鈔録詩文，有古今名篇佳句（如曾國藩《討洪楊檄文》），有同事好友之詩作，也有與朋友唱和步韻之作，泰亨自撰之游記等小文。粗略統計，日記中鈔録之詩詞、楹聯、文章等共計六十餘首，其中不乏千言長詩、萬言長文；二是全文照録之邸鈔，時值太平天國運動時期，各地『剿滅』太平軍之戰報、奏摺，皇帝、皇太后之諭旨等，亦爲泰亨日記鈔録之内容，此外，亦涉及官員任免調遷、科舉考試等情況；三是鈔録其他雜項文字，如與楊氏家鄉人物有關的保舉奏摺，寧波地區會試名録，奉旨擬定之科考試題，甚至還有戒煙方及炮製法。（朱善九）

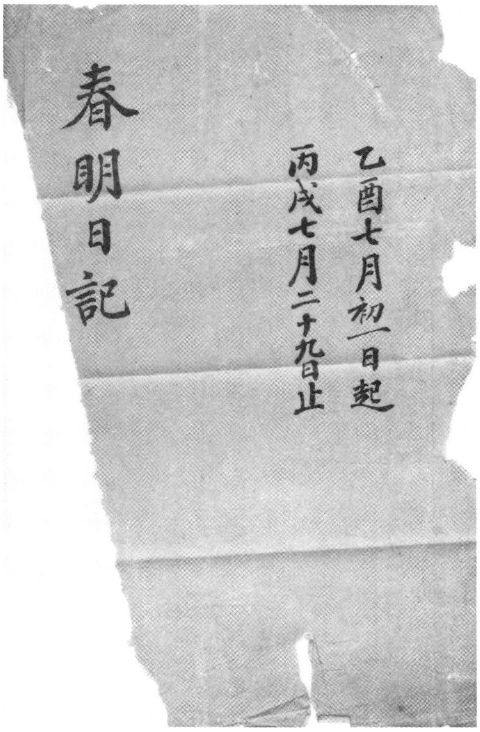

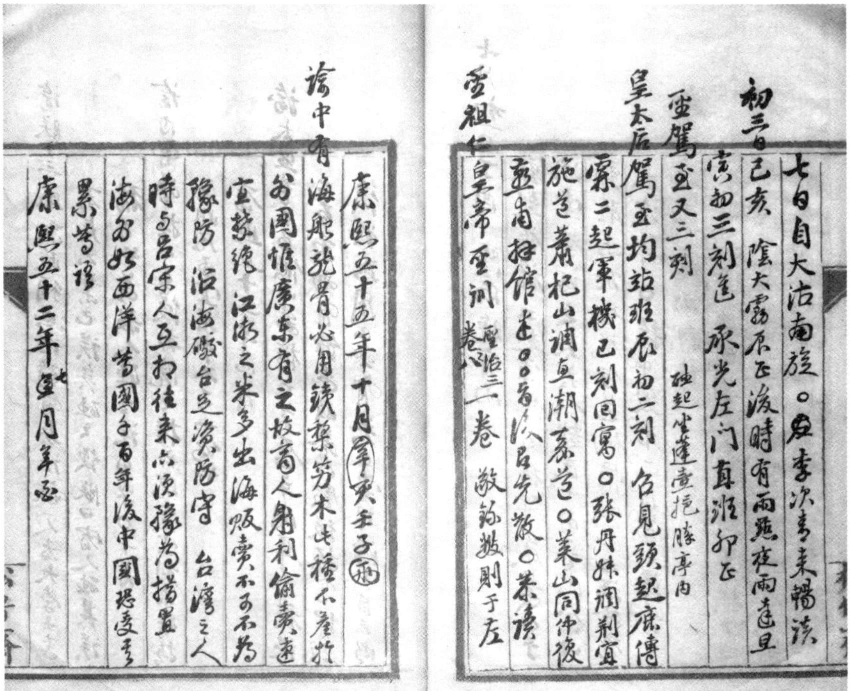

清・許庚身《春明日記》

春明日記

《春明日記》不分卷，清許庚身撰。稿本。

許庚身（一八二五—一八九三），字星叔，又字吉珊，浙江仁和（今杭州）人。清咸豐初，由舉人考取内閣中書。後咸豐帝命其充軍機章京。咸豐十年（一八六〇），車駕狩木蘭，召赴行在。是時肅順方怙權勢，數侵軍機事，高坐直廬，有所撰擬，輒取章京往屬草。庚身以非制，不許。使者十數至，卒弗應。清同治元年（一八六二）成進士，自請就本官。補侍讀。纍遷鴻臚寺少卿，母憂歸。服竟，遷内閣侍讀學士，入值如故。進《春秋屬辭》，被嘉奬。補光禄寺卿。曾典試貴州，督江西學政，頗以天算、輿地諸學試士。清光緒四年（一八七八），授太常寺卿。擢禮部侍郎，調户部、刑部。十年（一八六五），法越事起，充軍機大臣，兼總理各國事務。許氏以應對敏練，頗得慈禧太后信任，值樞垣三十年，與同光朝兵事相始終。事迹詳《清史稿》卷四百三十九。

《日記》書於九行稿紙，行十五、十六字不等。稿紙四周雙邊，□絲欄，單魚尾，版心鈐『竹松齋』三字。現存日記三册，内容爲許庚身光緒十一年（一八八五）七月初一日至光緒十三年（一八八七）十二月、光緒十六年（一八九〇）四月至十一月所記。其中第三册（起自光緒十二年八月初一日）前有封皮，題簽云『春明日記』，另有旁注小字云『丙戌八月初一日起丁亥十二月初五日止』。

日記内容前後相屬，格式一致，均行楷書寫，字迹剛勁。凡遇記皇帝、太后、師長等尊者處，輒提行或空格。年月時日，記於欄上，下記天氣及當日發生事件等，如『丙申八月初一日辛酉，晴有風，極涼爽。無召見……』云云。光緒十一年許氏任軍機大臣，日記應爲其下朝後追記。所記有定式，如首記公事，每日早朝『叫起』次序、召見人員；後記私事，每日會客及應酬事務。如光緒十一年『七月初一日丁酉，陰，晚有雨。頭起福禄、二起軍機……接仲弢弟六月廿五日津信』；光緒十二年『七月初二壬戌，晴。頭起李用清、二起醇王、三起軍機……竺生姪自滬到京來見』等等。日記所記朝見、會客、讀書、交游、考試、問醫等事項，頗有助於考史。如光緒十一年十一月二十八日皇帝赴太和殿禱告、十二月初九日至大高殿祈雪等，皆出於親身經歷。又據野史記載，許氏有受賄名，觀其日記，每日來客絡繹不絶，然所談之事隻字不提，又所記罕見直抒胸臆之言，自因身居要職，言行謹慎而使然。（金曉東）

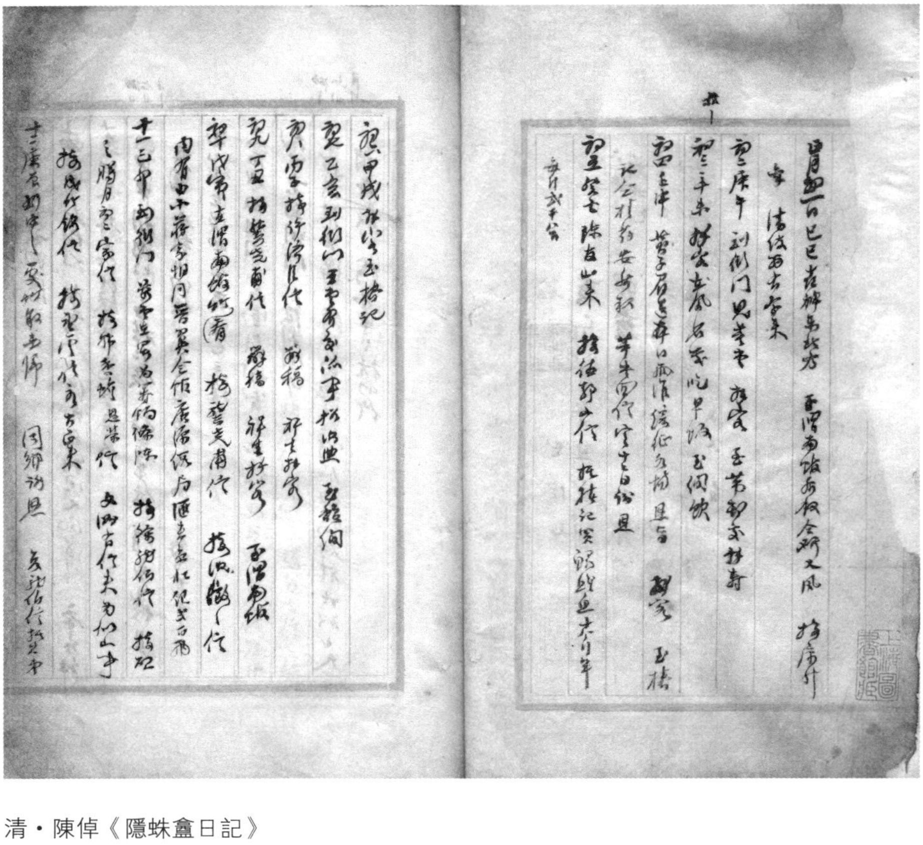

清・陳倬《隱蛛盦日記》

隱蛛盦日記

《隱蛛盦日記》，清陳倬撰。稿本。有民國三十一年（一九四二）潘景鄭題識，鈐『景鄭藏本』『凌雜米鹽』朱文方印。

陳倬（一八二五—一八八一），字培之，江蘇吴縣（今蘇州）人。傳見胡玉縉《户部陳先生傳》。少喜經術，讀書正誼、紫陽書院，清咸豐二年（一八五二）舉於鄉，九年（一八五九）中進士，官户部主事、郎中。清同治元年（一八六二）主講上海廣方言館。同治末入京，清光緒元年（一八七五）供職實録館，七年（一八八一）卒。

上海圖書館藏《陳倬日記》，同治十三年（一八七四）、光緒元年所記合訂一册，題爲《陳培之先生日記》；光緒六年至七年（一八八〇—一八八一）所記合訂一册，題爲《隱蛛盦日記》，扉葉有潘景鄭題識，末署『景鄭附記於壬午大暑』。兩册皆陳倬官京師時所記，文字簡略，僅記公事、交游，如常記『到衙門』三字，無事則竟付缺如，爲備忘録式之日記。偶及讀書，則文字加詳，如光緒元年讀張純圃《藝圃遺珠貫索》、光緒七年讀《莊子》，所記文字頗長。

陳倬早從陳奂受學，精於音韻訓詁。《隱蛛盦日記》光緒六年曾過録翁同龢所奏進呈陳奂《毛詩傳疏》全摺。陳奂《師友淵源記》則稱其『熟《文選》，能背誦。好明古人制度。余教之吉禘、時禘之辨，殷學、周學之分，路寢太廟與昭穆太廟不當合爲一制，遂作禘祫、宗廟、學校諸大典數篇』。

陳倬著述頗多，身後刊行者僅《敤經筆記》《香影餘譜》，其餘未刊者如《今韻正義》《今有古無字》《漢書人名表》《燕臺札記》《日餘筆記》《文選筆記》《隱蛛盦日記》《隱蛛盦詩存》等，民國間皆歸潘景鄭收藏，潘氏曾爲陳倬所校《漢書》《文選》及《隱蛛盦文集輯本》作跋，均見於《著硯樓讀書記》。陳倬《文選筆記》《日餘筆記》《今韻正義》等稿，後歸王欣夫學禮齋（欣夫先生外祖嘗受業於陳倬），此三稿現藏復旦大學圖書館。

陳倬在京師，與江浙籍京官往來頗密，見於《越縵堂日記》者多處，時在同治元年至光緒六年（一八六二—一八八〇）間，與繆荃孫、吴昌碩、張星鑒、李慈銘等皆有交誼。《晚晴簃詩彙》録陳倬《乞假歸里留别都門諸同人》詩云：『回頭通籍廿年多，攬鏡驚看鬢漸皤。寥落晨星同輩少，團圞明月好時過。功名蹭蹬鮎緣竹，富貴虚無蟻夢柯。坐對茶煙輕颺處，蕭然禪榻病維摩。』『收拾朝衫錦已薦，芒鞋竹杖養痾便。破除塵網蛛真隱，老困鹽車馬不前。落葉離根傷旅舍，焚巢瘁羽感中年。新詞且唱江南好，笠澤風帆鄧尉筏。』此係陳倬離京時贈别諸友诗，自述功名心死，決意歸隱林下，潛心著述，以度餘生，惜未幾遂卒。詩中所云『通籍廿年多』，據陳倬咸豐九年成進士、卒於光緒七年推測，詩當成於其卒前兩年間。陳倬晚年日記題爲《隱蛛盦日記》，又常記『服藥』之事，詩題所言『乞假歸里』，實乃因病乞歸。『破除塵網蛛真隱』，即『隱蛛盦』命名之義。（張桂麗）

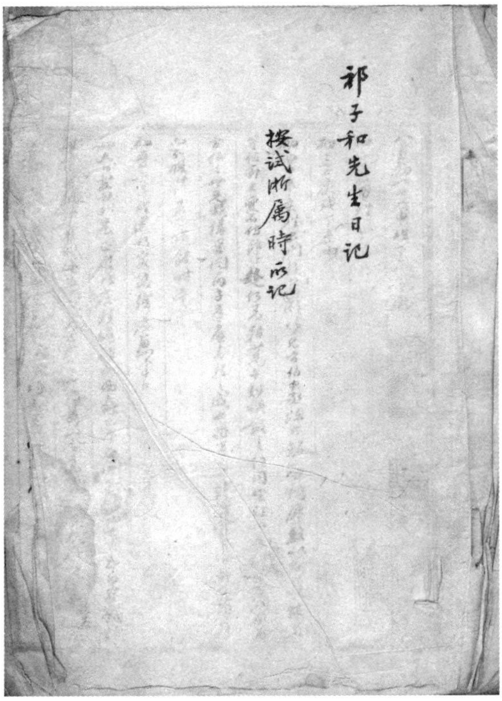

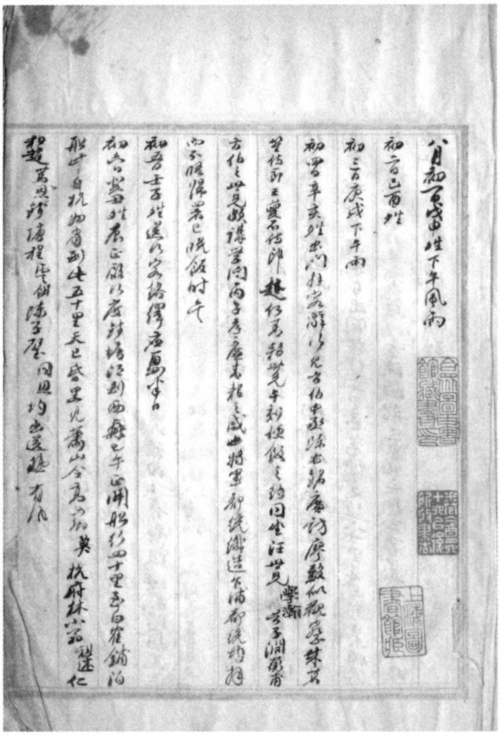

清・祁世長《祁子和日記》

祁子和日記

《祁子和日記》不分卷，清祁世長撰。稿本。

祁世長（一八二五—一八九二），字子禾，一字子和，號念慈，又號敏齋，山西壽陽人。室名思復堂，謚號文恪。『三代帝師』文端公祁寯藻之子。清咸豐元年（一八五一），由蔭生授户部員外郎，後改工部，旋中舉人。咸豐十年（一八六〇）進士，選庶吉士，授編修。清同治五年（一八六六）丁父憂。同治九年（一八七〇）服闋，補翰林院侍讀。纍遷内閣學士。清光緒六年（一八八〇）升任禮部侍郎，先後署兵、刑部，又調户部管三庫事，擢都察院左都御史。光緒十六年（一八九〇），遷工部尚書，兼管順天府府尹事務。世長爲官清正廉明，勤於政事，曾督學直隸、安徽、浙江，大力整頓考風，崇獎樸實學風，選拔人才則文章德行并重。又數任鄉試、會試主考官。所著有《思復堂集》《翰林書法要訣》《祁文端公年譜》等行世。

《祁子和日記》起於光緒七年（一八八一）九月，迄於光緒十年（一八八四）十月，略有間斷。光緒七年三月，孝貞顯皇后崩，九月葬昌瑞山南麓偏西之普祥峪，定東陵，祔太廟。祁世長時任禮部侍郎，爲沿途禮部捧册大臣，日記對孝貞顯皇后奉安過程中各王公大臣職責、梓宫路程及神牌還京路程，有簡明記録。

光緒八年（一八八二）八月，祁世長以吏部侍郎任浙江學政。九年（一八八三）八月至十年五月間，世長按試台州、温州、處州、金華、衢州、嚴州、寧波和紹興等地。日記具體記載祁氏每日起床時間、點名時間、考試内容、各府縣考試人數、留場人員、清場時間、士習文風、各府縣録取人數等。祁氏往來各府，多走水路，每日行程、食宿地點等，日記均有詳細記録。

世長於光緒十年四月初五日接奉補授都察院左都御史上諭，閏五月初四日啓程離杭，途經嘉興、蘇州、無錫、瓜洲、揚州、高郵、淮安、宿遷、泰安、德州、河間等地，於六月十七日抵達京城，水陸兼程，計四十三日。日記記載每日行程及與沿途官員之應酬。返京未兩月，世長又奉命偕尚書延煦勘山東河工，『來往郵程近六旬（八月初九日出都，十月初七日差旋已）』。世長治河，主張疏浚海口以泄盛漲，修防民埝以保大堤。日記又多記沿途詩作及與他人唱和，并收録民謡數首。

在朝公務及與同僚交往，占日記中較大篇幅。此外，日記還隨時記載國事時局、天氣情況、山水景物、生活瑣事、書信往來及書畫鑒賞等。
《祁子和日記》具有一定的史料價值，其書法價值也值得一提。世長書法出自顏真卿，參以何紹基，又因家學淵源，兼得其父精髓，故書風端莊大氣。（蔣鑫粱）

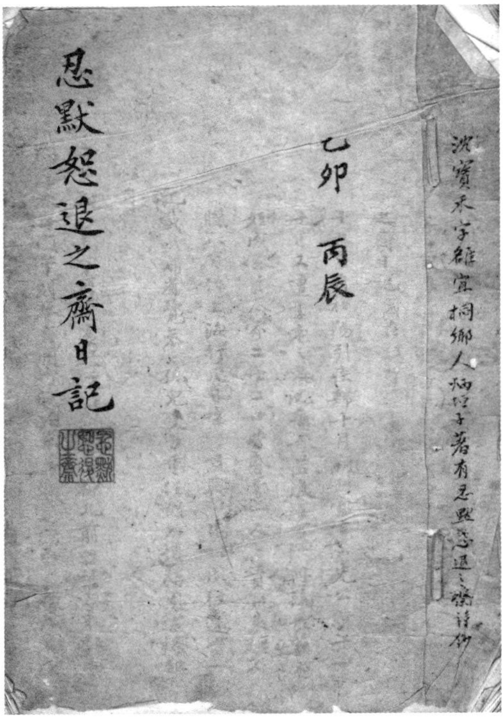
忍默恕退之齋日記
乙卯 丙辰
沈寶禾字雒宜桐鄉人炳垣子著有忍默恕退之齋詩鈔

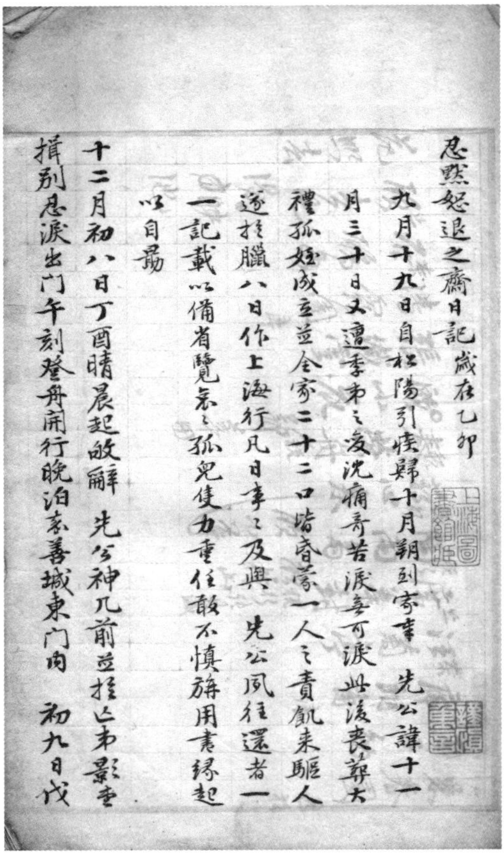
忍默恕退之齋日記 歲在乙卯
九月十九日自松陽引疾歸十月朔到家 先公諱十一
月三十日又遭季弟之変沈痛哀苦淚無可淚此後喪葬大
禮孤姪成立並全家二十二口嗜昏蒙一人之責饑來驅人
遂於臘八日作上海行凡日事之及與 先公夙往還者一
一記載以備省覽兼之孤兒使力重任敢不慎旃用書緣起
以自勗
十二月初八日丁酉晴晨起斂辭 先公神几前並拜亡弟影堂
揖別忍淚出門午刻登舟開行晚泊嘉善城東門內 初九日戊

清・沈寶禾《忍默恕退之齋日記》

忍默恕退之齋日記

《忍默恕退之齋日記》一卷《滬行日記》一卷，清沈寶禾撰。稿本。

沈寶禾（？—一八七一），字雒宜，浙江桐鄉人。沈炳垣之子、錢泰吉女婿。清道光十五年（一八三五）舉人，曾官松陽教諭。清同治七年（一八六八），丁日昌任江蘇巡撫，在蘇州開辦輿圖局，沈寶禾任總校，其子善登亦在局中。著有《蛙溪鼓吹詞》二卷，有道光聽松堂刻本；另有《忍默恕退之齋詩鈔》四卷《求是齋甲申詩草》一卷，稿本，藏上海圖書館；《忍默恕退之齋文集》稿本，藏浙江省圖書館。

《忍默恕退之齋日記》附《滬行日記》，稿本，一册，用『存吾春室鈔本』紅方格稿紙，半葉九行，行二十五字。書衣題『忍默恕退之齋日記』，下鈐『忍默恕退之齋』陽文方藍印，旁注年份『乙卯。丙辰』，書腦墨筆記『沈寶禾，字雒宜，桐鄉人。炳垣子。著有《忍默恕退之齋詩鈔》』，出於潘景鄭先生手。卷端鈐有『謹慎重言』白文方藍印，殆因其父去世之故。現存清咸豐五年（一八五五）十二月八日至六年（一八五六）除夕，内七月無記，後附《滬行日記》同治四年（一八六五）二月初九日至五月初六日。

咸豐五年，沈寶禾因父親、弟弟先後去世，經辦喪事後，全家二十二口人開銷巨大，於是十二月作上海之行，以謀生計，除夕返家。次年二月有硤石之行，三月中旬仍到上海，下月下旬回鄉，八月中旬再赴上海，九月初十日回鄉，如是往返數次，可能爲其父漆棺、安葬等事。這部分日記主要集中在上海，因其交往者多從事沙船航運事業，成爲研究清末上海航運業最爲重要的文獻。

沈氏在日記中提及上海南市曾有沙船航運業者專門組建的商船會館，在館中他見到郁松年、經緯、郭長祚、王慶榮等人，九月初九日天后飛昇誕期，專門至會館拈香。特别是咸豐六年五月初九日，夾有上海各號商船二十四家詳細名單，國内及日本學者曾頻繁引用。同治四年所記的三個月日記，爲沈氏在上海協助丁日昌辦理滬關支給所時之記録，其中提及上海關支給局辦公地點在水仙宫，赴閩援剿兩統領爲郭松林、楊鼎勛等。當年就有以江蘇省輿圖委諸沈氏之説，但因軍務緊急，將輿圖局一事交王大經督辦，卻也未能辦成。直至同治七年，丁日昌舊事重提，仍委派沈氏辦理。此外，如咸豐六年五月十八日，接到南潯火災，自大街至四柵於十一日延燒千家，十二日又十數家，十六日數家的消息。此可補方志之未備。（李軍）

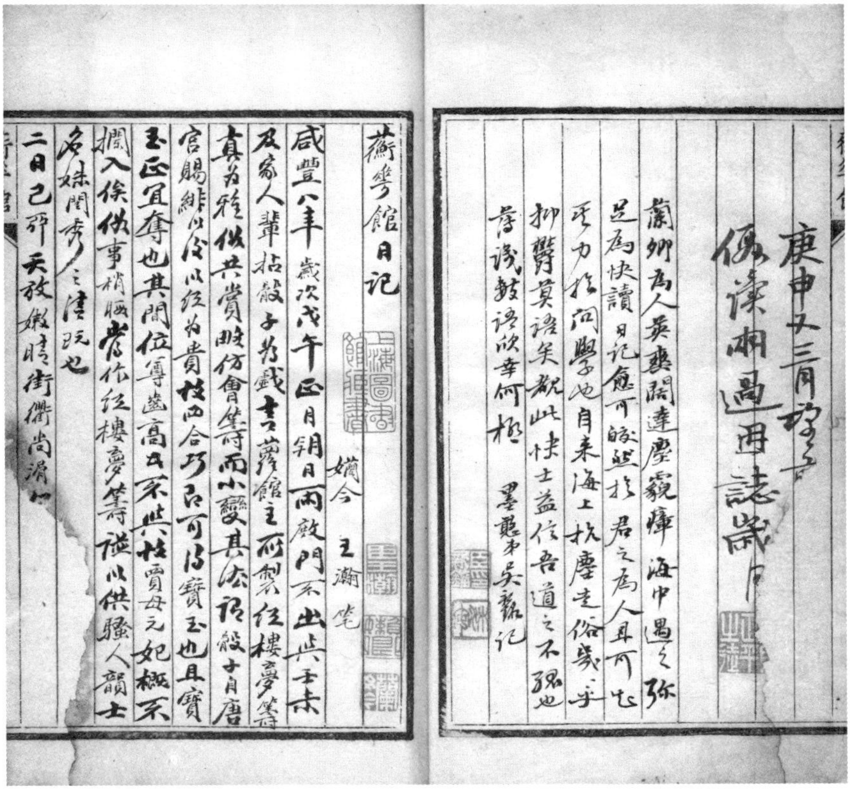

清・王韜《蘅華館日記》

蘅華館日記

《蘅華館日記》，清王韜撰。稿本。

王韜（一八二八—一八九七），原名利賓，字子九，號蘭卿，後改名翰，字懶今，常用號蘅華館主，流亡香港後，改名韜，字仲弢，又字子潛、紫銓，號天南遁叟，五十以後，自號弢園老民，自港返滬，又號淞北逸民，蘇州長洲縣甫里（今蘇州）人。生平所用其號甚夥，清咸豐九年（一八五九）日記附記曰『余字蘭仙，號子九，正篆崇光』，并開列『夢燕草堂、秋畹廬、卜林居士、懺癡庵主、茗香寮、華曼精舍、蘅香山館、友畸山人、劚葉山房、腹膴詞客、玉魫生樓、蘼蕪外史、溪蓀居、鑱紅子、茝蔚莊、蘿藦斗室、眉珠小盦、讀畫樓、綠筠軒、紅蕉亭、迎翠書齋、衣雲閣、翫月窗、墨園、苓芳院、延凉水榭、芙蕖清沼』等室名別號。南遁以後，見諸報端之筆名，又多不勝數，前後所用字號別名凡七十有餘，反映其人生各階段之生活狀態及心態。王韜一生萍飄蓬轉，大體而言，其人生分四個階段：

（一）二十二歲以前，此爲王韜里居讀書，從事科舉時期，爲一生學業奠基期。詩詞藝文，初受母朱氏啓蒙，并獲業師顧惺指授。其父王昌桂，潛研經學，曾爲段玉裁弟子，後坐塾授徒爲生，晚年至滬入英國傳教士麥都思創辦之墨海書館，協助西籍譯述工作。王韜自少得父師悉心栽培，儒學功底深厚。十八歲應試昆山，以第三名入縣學爲秀才。清道光二十八年（一八四八）春省親淞滬，初涉洋場。

（二）二十二至三十五歲，此爲王韜謀生淞濱、獻策求用時期。二十二歲時父親突然病故，王韜受麥都思之邀，入墨海書館承父職，并於咸豐四年（一八五四）受洗入教。時值太平軍縱横南北，王韜屢次上書當政，提出和戎平賊之策，因未蒙採納，又於清同治元年（一八六二）年二月，以黄畹之名上書太平天國，爲之謀劃進攻上海策略。事洩，遭清政府通緝，藏匿英國駐上海領事署百三十日後，獲機逃離上海，流亡香港。

（三）三十五至五十七歲，此爲王韜遁迹天南、游歷中外時期。在香港期間，王韜蒙英國學者、傳教士理雅各接納，入其主持之英華書院，協助儒家經典英譯工作。理雅各回國後，王韜於同治六年（一八六七）十一月應邀赴英，繼續合作翻譯『中國經典』，直至九年（一八七〇）春回香港。客居英倫期間，曾應邀至牛津大學等處演講。回國後，王韜刊佈游記，譯撰多種著作，介紹西方社會及國際形勢，并創辦中華印務總局，又創辦華語日報《循環日報》，自任主筆，撰寫時評政論，倡言變法自强。清光緒五年（一八七九），王韜應邀東渡扶桑，旅日百餘日，其間與日本各方賢達往還唱和，并與中國駐日使館官員何如璋、黄遵憲等締交。

（四）五十七至七十歲逝世，此爲王韜返回淞滬、執掌書院時期。經丁日昌、馬建忠、盛宣懷等斡旋，得李鴻章默許，王韜結束流亡生活，於光緒十年（一八八四）三月攜家返滬。返滬後又在《申報》《萬國公報》上撰文，繼續評論時政。十二年（一八八六）始，擔任上海格致書院山長，推行西化精英教育。

王韜爲近代中國中西文化交匯、古今思想激蕩時期之重要人物，博通古今、學貫中西，著述頗豐。據《弢園著述總目》所列，有《重訂普法戰紀》《重刻弢園尺牘》《瀛壖雜誌》《弢園文録外編》《蘅華館詩録》《甕牖余談》《重訂遁窟讕言》《淞隱漫録》等三十六種，實則遠不止此數，如《弢園文録》《弢園詩詞》《毛詩集釋》《禮記集釋》及大量日記稿本等等皆未計入。

此日記稿本四册，題下署『南武王瀚嬾今』，卷首有墨憨吴新銘、上元孫齊、歸安丁彦臣、吴江沈毓棻等借閲題記。全稿藍格十行，行約二十三字，中縫象鼻處有『蘅華館』三字，記咸豐八年（一八五八）至同治二年（一八六三）間事，略有斷續。《日記》後附《悔餘漫録》，題下署『甫里王韜子潛筆』，記南遁之初同治二年事。

此日記稿本所記，乃王韜南遁前後之經歷，此爲王韜人生最受争議之階段。争議焦點爲王韜是否曾上書太平天國，與此相關者爲王韜政治面貌之定位。不知是否出於有意爲之，此日記稿本中所謂黄晚上逆書之相應時日，即同治元年（一八六二）二月前後記録缺失，然而日記中仍不乏記録内憂外患、勢如纍卵之時事，頗多吐露儒生報國、造福蒼生之抱負，又所述洋場中人之衆生相，不僅對王韜生平研究極具價值，對太平天國歷史及晚清中外關係、社會生活、文人心態等研究，也屬不可多得之史料，值得珍視。日記附録與友朋往還之尺牘、唱酬之詩詞，也是王韜作品輯佚之來源。

此日記稿本曾收入中華書局整理本《王韜日記》，又曾收入《續修四庫全書》影印出版，然文字校勘，尚存訛誤，茲再付影印，以廣流傳，仍屬必要。

王韜日記稿本存世甚多，除上海圖書館藏本外，所知尚有以下各種：

《苕華廬日記》，記道光二十八年十一月至二十九年（一八四九）閏四月事，國家圖書館。

《苕華廬日記》，記道光二十九年閏四月事，臺灣『中央研究院』。

《茗薌寮日記》，記咸豐二年（一八五二）六月至八月事，臺灣『中央研究院』。

《蘅華館日志》附《瀛壖雜記》，第一册記咸豐二年九月至十二月事，《瀛壖雜記》第二册記咸豐三年（一八五三）正月至三月事，臺灣『中央研究院』。

《粤西雜記》，記道光二十九年至咸豐二年太平天國事，臺灣『中央研究院』。

《滬城見聞録》，記咸豐三年上海小刀會事，臺灣『中央研究院』。

《瀛壖日志》，記咸豐三年三月至四年（一八五四）正月事（有斷續），臺灣『中央研究院』。

《甲寅夏五回里日記》，記咸豐四年五月事，臺灣『中央研究院』。

《蘅華館日記》，記咸豐四年至五年（一八五四—一八五五）事（有斷續），臺灣『中央研究院』。

《蘅華館日記》，記咸豐十一年（一八六一）正月事，國家圖書館。

《弢園日記》，記光緒十四年（一八八八）年八、九月事，國家圖書館。

《東游日記》，記光緒十四年十一月事，國家圖書館。

《東游縞紵録》，記光緒五年閏三月、四月事，國家圖書館。

《遁窟閑鈔》，記光緒八年（一八八二）六月事，國家圖書館。

此外，國家圖書館藏《遁叟漫録》，南京圖書館藏《淞隱廬雜識》及《漫游隨録》《扶桑游記》等，均屬王韜日記類著作。

以上各種日記稿本，除上海圖書館藏本、臺灣『中央研究院』（傅斯年圖書館）藏本及王韜《泰西漫游》《扶桑東渡》等游記外，皆未經刊佈，亟需整理彙編。（陳玉蘭）

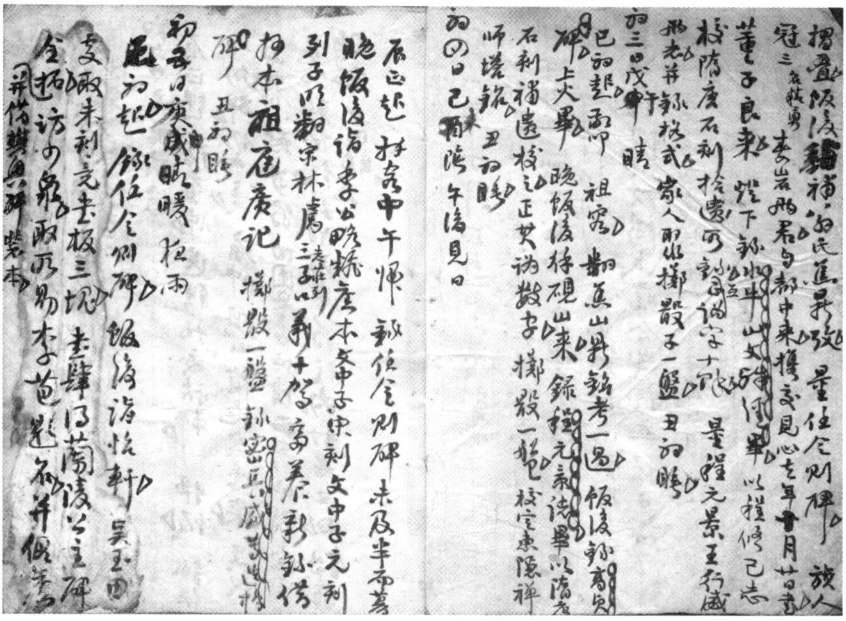

清・魏锡曾《魏稼孫日記》

魏稼孫日記

《魏稼孫日記》不分卷，清魏錫曾撰。稿本。

魏錫曾（一八二八—一八八一），字稼孫，號印奴，别號悌堂、鶴廬，室名績語堂、非見齋，浙江仁和（今杭州）人。魏氏自稼孫高祖蘆溪公由慈溪遷錢塘，百餘年間，子孫習儒，代有聞人。曾祖輩有秋浦公，盛德碩學，爲世宗仰，一時師友如丁龍泓（敬）、陳玉几（撰）、齊息園（召南）、杭大宗（世駿），交相敬愛。祖輩有春松公，自幼獲聞龍泓謦欬，雅好文史，於龍泓身後刊其《硯林集》以傳世。稼孫本生父月孊公育有六子，稼孫居其四，年甫三齡，即嗣爲從伯謹齋公後，因而於春松爲孫、秋浦爲曾孫。其時養母王氏寡居已二十餘年，對其極鍾愛而無姑息。稼孫五歲就塾，王氏即以『讀書自尊師始』爲訓。年十五，入仁和學，王氏教以『勤學立品，務承先志，毋自滿』。清道光二十七年（一八四七），稼孫年十七，遵母命娶内閣侍讀學士張静軒孫女。婚後，出爲童子師。年二十七，爲廩生。後選貢生，入國子監，例授候選訓導銜，分發浙江。清咸豐十年（一八六〇）二月，太平軍陷杭城，稼孫避亂，僑寓越中。次年，舉家避居黄巖。值時紛擾，兩浙半爲焦土，遂至福州，依於時任福建鹽庫大使之岳父張燮榮（薺園）。

稼孫夙有印癖，多見印人篆刻名迹。時仁和譚仲修（獻）、山陰周季貺（星詒）久客於閩，會稽趙撝叔（之謙）亦避地至福州，暇輒相與賞奇析疑。諸君皆嗜金石拓本，時閩中故家所藏碑拓流出，多爲稼孫與撝叔等得之，『節嗇衣食，聚墨本盈數篋，胼手校讀』，丹鉛審定，幾至飢不擇食。稼孫仕途蹇滯，平生七試秋闈，均未售。清同治二年（一八六三）夏，曾入都候選鹽官，獲准『分發福建試用』，適丁内艱，未能赴任。至同治六年（一八六七），始實任福建鹽場大使。譚仲修《復堂文續》卷四、丁松生《杭郡詩輯》均有其傳。

稼孫著述已刊者，有清光緒九年（一八八三）羊城西湖街富文齋刻印《魏稼孫全集》八册，其中《績語堂題跋》一册，《績語堂碑録》六册，《績語堂詩存》《績語堂文存》合一册。其著述之未刊者，有《魏稼孫日記》稿本，兩册；《如心室未定草》稿本，一册；《魏稼孫碑目》稿本，兩册；《魏稼孫藏名人手札目》稿本，一册，以上四種皆藏上海圖書館，後兩種曾經顧氏過雲樓收藏。

《魏稼孫日記》稿本，兩册，無行格。前册卷端鈐『稼孫』朱方印、『鶴盧』朱文橢圓印及『上海圖書館藏』朱文長方印。按：同治元年趙之謙曾爲魏稼孫刻『鶴廬』朱文扁方印，篆書邊款曰『稼孫葬母西湖白鶴峰，因以自號。撝叔刻之，壬戌九月』。蓋稼孫自號鶴廬，寄孝思也。此册記事起自同治六年正月一日，訖於同年六月十三日。時值内艱服闋，稼孫再次赴閩，後任福建鹽場大使。所記行實，多此前未見揭示而足資考訂者。如所記數訪吴玉田，委託吴氏書坊刊刻《冬心先生集》，按同治六年六月十二日有記『吴玉田攜示《冬心詩》寫樣一紙』。此處稱《冬心詩》者，爲稼孫於福州代丁丙校刊當歸草堂《西泠五布衣遺著》中《冬心先生集》内容。日記言及福州石井巷、南後街、開元寺等地名，均可證稼孫此次赴閩，初寓福州，并説明錢塘丁氏當歸草堂所輯《西泠五布衣遺著》中《冬心先生集》刊刻原委。由日記内容又可知，同治六年前五月，稼孫尚未實履鹽大使之職，故所記多鹽署拜謁，官場奔走，速求補缺事。至六月初一日，『辰刻，吉雲翁飭送蓮河場鈐記到寓，謹北向謝恩、南向拜印』，稼孫始得實授鹽大使之職，任職之所爲泉州府南安蓮河場。自此至册末（六月十三日），所記多爲向憲道各院及衆友朋辭行，蓋行將赴南安就任也。

後册扉葉署『同治八年元旦』，下鈐『績語堂印』白文方印、『非見齋雙鉤本』朱文方印。此册記事始自同治八年（一八六九）正月初一日，訖於同年三月初二日，其中二月初五日至十九日，因故未落筆作記。其間所記石碼、龍溪等地名，參閲魏本孝《顯考稼孫府君行述》文，知稼孫此時已至福建鹽法道石碼驗掣關履任，故所記多涉及鹽署、鹽局、鹽幫、鹽捐等。册末又附所輯《吴讓之印譜》，印文録目多至一百二十一條，并附注『正稿／副稿』『竹紙／白紙』『有款／無款』等標記。

通觀此兩册日記，記事簡要，鋪陳殊少，間有補記，略見塗乙。内中涉及較多者，一爲友朋交往，一爲金石篆刻。稼孫於閩地交往之友朋，有周季貺（星詒）、陳戟門（棨仁）、毛守龢（承基）、高茶庵（望曾）、丁藍叔（文蔚）、孫子久（垓）等，其中與周季貺交往尤密，故兩家旋締秦晉之好，日記記載『同治六年丁卯正月廿四，兒子締姻周氏，新人爲季貺長女』。稼孫赴南安蓮河場鹽大使任前，雙方互借之書籍碑拓，數量多達五十八種，稼孫曾記目録清單於前册日記之尾，載『同治六年丁卯六月十三日，詣季貺，談許久……并交代彼此書籍』。日記前册末尾録有『稼借季書碑』凡二十五種，『稼未交售件』凡五種，『稼借與季各件』凡二十八種，合共五十八種。與此同時，稼孫與江浙舊好如丁竹舟（申）、丁松生（丙）、譚仲修（獻）、趙撝叔（之謙）、朱德園（亮忠）、沈均初（樹鏞）、傅節子（以禮）等，也不時書函往還，尤與丁氏昆仲關係密切，日記中多有記録。按：丁申爲稼孫親翁，申長子立誠娶稼孫女，丁丙此時正托稼孫在福州代爲校刊《西泠五布衣遺著》。至於金石篆刻，日記中多記稼孫集碑拓、校碑文、録碑目、交印人、輯印蜕、論印款等活動，所録碑版即數逾百二十種，珍品琳琅，爲外間所罕見，足徵其篤嗜碑版，醉心印學，畢生用力，故造詣卓絶，至今爲人所重。（方俞明）

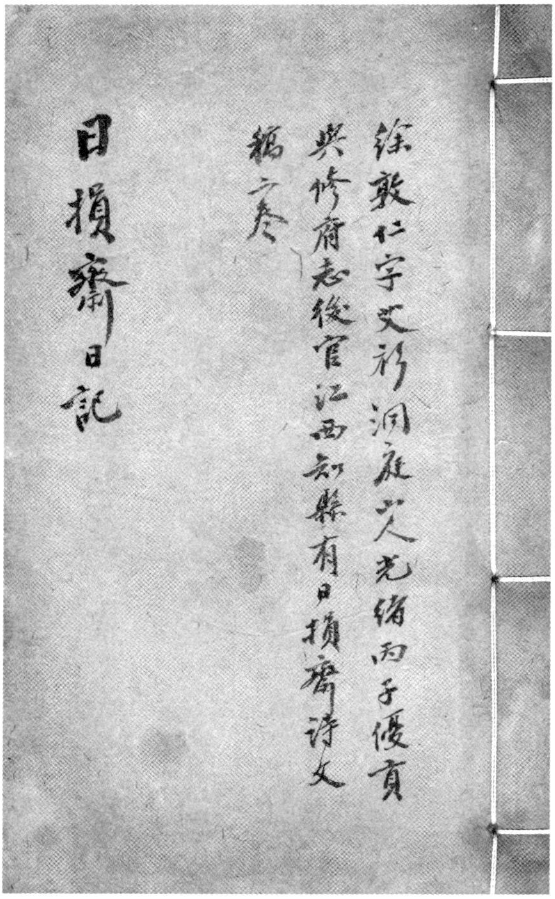
日損齋日記
徐敦仁字文衫洞庭山人光緒丙子優貢
與修府志後官江西知縣有日損齋詩文
稿六卷

清・徐敦仁《日損齋日記》

日損齋日記

《日損齋日記》，清徐敦仁撰。稿本。

徐敦仁（一八二九—？），字艾衫，一作愛杉，江蘇吴縣人。據清同治七年（一八六八）日記有『同治七年歲次戊辰，時年四十，就鉛山蔣璞山方伯書記入蜀』，則知徐氏生於清道光八年（一八二八），卒年未詳。《［光緒］吴縣志》有傳，云清光緒二年（一八七六）優貢，官江西貴溪知縣。所著有《日損齋詩文稿》二卷。按：蔣志章（一八一三—一八七一），字璞山，江西鉛山人，道光二十五年（一八四五）進士，散館授編修，歷任國史館協修、文淵閣校理，升四川巡撫，後任山西、浙江按察使等職。《日記》載自同治七年元月，徐氏入蔣志章幕府，隨行四川；至九年（一八七〇）三月十二日，又自成都啓程，前赴陜西西安止。其間車旅行役、起止宿尖、山川風物、主賓應對、文書起草、幕友交誼、往還慶弔、讀書習字、作詩擬聯、游戲宴飲等，事無巨細，皆録之筆端，實爲研究清代幕僚生活之重要史料。

《日記》稿本，三册。半葉八行，行字不等，無格，墨筆行書，字體精雅。前小記云，徐敦仁於同治六年（一八六七）十二月十七日至南昌，即依蔣志章眷屬同住荆嘉山房。七年元月二十二日，隨蔣氏啓程赴四川巡撫任。至四月十二日始抵成都，是日記云：『自南昌到成都，凡行八十日，舟凡三易，自九江到漢口坐火輪船一晝夜。起陸坐笥輿半月，山川跋涉，風露侵陵，峽中又目覩沉舟兩次，心中時覺怦怦。所喜布帆無恙，一路化險爲夷。濡筆記此，以志天幸。』可見旅次輾轉之一斑。三月二十八日自萬縣上岸陸行，詳記行李車夫情形：『黎明起，裝畢行李，辰初啓程。計大轎二乘，四轎十三乘，小轎二十八乘。每乘加縴夫四名，小轎則三人擡，無縴。行李百二十扛，每扛兩人，鋪程另用紅扛，上有盖如轎，以蔽風雨。兩共計夫約六百名，萬縣辦差。』可見官差儀制之規模。

同治八年（一八六九）正月二十七日記云：『葆翁持《忠雅堂詩稿》來，囑重校新板誤字。』至八月二十七日記云：『楊會文堂來刷《忠雅堂》。』八月二十九日記云：『方伯囑寫《忠雅堂詩集》封面，爲書十紙，送五紙去，未知可用否。』按：《忠雅堂詩集》爲清蔣士銓撰，志章乃士銓曾孫。《忠雅堂詩集》傳世版本中，已知有嘉慶本、道光本，今據此知尚有同治八年蔣志章刻於成都本，刻工爲成都會文堂楊氏，參校者爲任葆棠、徐敦仁、顧復初等。

日記於七年、八年末，皆略記一年中友朋往來函札數，雖寥寥數語，徐氏交游，賴以考實。（陳誼）

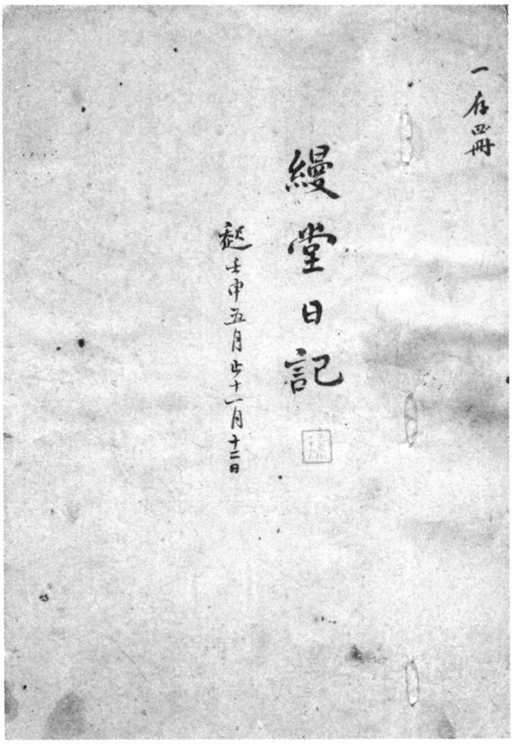

一本四册

縵堂日記

起壬申五月訖十一月十二日

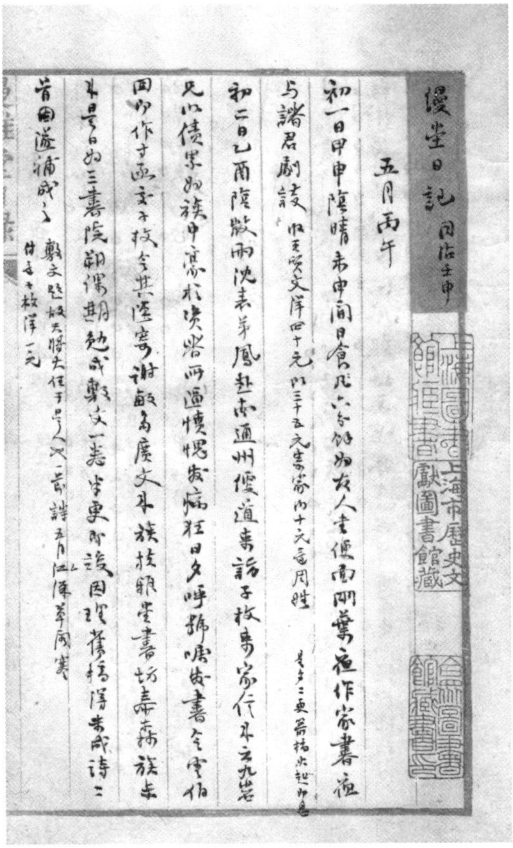

縵堂日記 同治壬申

五月丙午

上海市歷史文獻圖書館藏

清・王詒壽《縵雅堂日記》

縵雅堂日記

《縵雅堂日記》不分卷，清王詒壽撰。稿本。

王詒壽（一八三〇—一八八一），字眉叔，一字眉子、麋叔，號縵堂主人，室名縵堂、縵雅堂、吟碧樓，浙江山陰（今紹興）人，居郡城北郭昌安街。眉叔祖輩，本中産之家，自『大母柏舟矢節，漸以中落』（見《縵雅堂日記自序》）。眉叔生而即孤，『大母與母，茹苦撫之。四子書、五經，皆大母口授。十四歲出應童子試，始就外傅。二十五歲補博士弟子員，大母已不及見』（見《縵雅堂日記自序》）。三十四歲舉優貢，食廩餼。眉叔嘗習法家言，游皖南三年，兵起歸里門。太平軍陷紹興，屋廬灰燼，八口之家，流離失所，牽船而居者又三年。迨紹城克復，重結屋於故居之址，復游幕於諸暨邑署。清同治六年（一八六七），補金華縣學訓導。七年（一八六八），遷浦江縣學教諭。九年（一八七〇），入浙江官書局，任總校。眉叔少即有學工書，兼善治印，饒於才致，而所遇多鬱結困厄。幼即失怙，家道中落；凶荒水旱，所值非一；身遭亂離，勇爲團練謀士；仕途蹇塞，數赴秋試不中。

眉叔性通侻，好古學，不樂就繩墨，然腹有詩書，能獨彈其古調，而抒發性靈。其筆堅辭練，詩篇雅令，仿宋人小詞輒工；芳潤縝密，駢儷尤精，得徐庾遺韻可風。今人讀之，猶如聆山水清音。眉叔所爲詩古文詞甚夥，其已刊者：《笙月詞》五卷，同治十一年（一八七二）刻於杭州；《花影詞》一卷，同治十二年（一八七三）刻於杭州；《縵雅堂駢體文》八卷，清光緒六至七年（一八八〇—一八八一）刻於杭州。其未刊者：《縵雅堂詩稿》十卷，稿本，光緒元年（一八七五）自選舊作，重作謄録，存詩約六百首，稿本今已不見；《吟碧樓詩》不分卷，稿本，録其十三至二十歲所作詩，此稿亦不復見；《縵雅堂詩鈔》三卷、《秋舫笛語》一卷，稿本，二册，有葉景葵題識，藏上海圖書館；《縵雅堂詩稿》二卷、《戊辰詞》一卷、《迦雲詞》一卷，稿本，二册，有李慈銘題識，藏上海圖書館；《縵雅堂日記》不分卷，稿本，五册，記眉叔同治六年至九年（一八六七—一八七〇）事，藏浙江圖書館；《縵雅堂日記》不分卷，稿本，四册，記眉叔同治末、光緒初年事，藏上海圖書館。

眉叔早年有日記，遭太平天國之亂遺失。此後濡筆再記，已在同治六年元旦。今浙江圖書館所藏《縵雅堂日記》稿本首册，蓋其始也。浙江圖書館藏稿本五册，每册卷端皆鈐『浙東湯氏臼丮宧藏』

朱文方印、『見即買有必借窘盡賣高閣勤曬國粹公器勿汙壞』朱文方印，知爲蕭山湯壽潛先生舊物。

上海圖書館藏《縵雅堂日記》稿本，四册。首册用紙爲通用箋紙，卷端題『縵堂日記』，其餘三册皆用『縵雅堂』專用箋紙，首葉書口刻『縵雅堂』三字，手書添補『日記』兩字，遂以『縵雅堂日記』名。此四册書寫格式，皆半葉九行，每行字數不等，行楷小字，秀美流暢。諦審各册來源，惟首册卷端鈐有『合衆圖書館藏書印』朱文長方印、『上海市歷史文獻圖書館藏』朱文長方印、『上海圖書館藏書』朱文長方印，可知此四册稿本，與浙江圖書館所庋之蕭山湯氏舊藏，久已勞燕分飛，各自流傳。

《日記》四册，時分兩段，并不連貫。前段起自同治十一年五月初一日，迄於十二年八月二十九日，内缺十一月十三、十四、十五、十六日日記。後段初讀不明年月，起首自『初五日』始，以其後月份逆推，知起於四月初五，册末迄於同年十二月二十九，中間亦缺失五月十八日至五月卅日數天日記。該段年份之考證，得自日記内容。依據之一，日記中干支紀月，五月爲『壬午』、六月爲『癸未』，推算其年正月爲『戊寅』，參干支法之年上起月規則：『甲己之年丙作首，乙庚之歲戊爲頭』，正月『戊寅』，年必在乙或庚，而同治十二年以後，眉叔在世之年，符合乙、庚紀年的，唯光緒元年和光緒六年（一八八〇）；依據之二，日記五月十一日條：『閱《邸鈔》，楊乃武與葛畢氏因奸毒死本夫一案，楊婦兩次叩閽……此忽有人參奏，且直訟其冤。上諭嚴切派胡學憲提集全案人證嚴訊，不得庇護同官，含糊瞭事。廷寄已到，案試寧紹回省，即當提訊。』所言『胡學憲』即時任浙江學政胡瑞瀾，而胡瑞瀾奉諭旨以欽差大臣身份重審楊乃武一案，時在光緒元年，則後段日記爲眉叔光緒元年所記無疑。

《縵雅堂日記》記事頗爲詳盡，舉凡朋從之往返、局書之校刻、讀書之得失、詩文之謄録，乃至日常之零雜，無所不包。《日記》四册所記事，皆眉叔於役浙江官書局期間，相關史料，曾爲民國史家所矚目。富陽夏定域先生《浙江官書局始末》文曰：『紹興王詒壽在書局任校勘時，曾有《縵雅堂日記》稿本四册，起同治十一年至同治四年止，惜未見流傳。所校之書爲《荀子》《墨子》《吕氏春秋》《宋史》《晉書》《南北史》等，據説都饒有灼見。』眉叔每校讀一書，皆有筆録。觀其此期日記，所校之書尚有《新唐書》《三國志》《詞律》《玉臺新詠》《古文淵鑒》《唐宋文醇》《太平廣記》《江文通集》《皇朝三通》等。校書以外，於書局人事亦所記頗詳。眉叔校書武林之日，往來杭越，時有『烏篷八尺、山水一窗』之樂。在杭交往友人，有譚獻（仲修）、陳豪（藍洲）、張預（子虞）、許增（邁孫）、王麟書（松溪）、施補華（均父）、黄以周（元同）、戴穗孫（同卿）等，兩浙才俊，日相接談。返鄉訪問朋舊，如秦樹敏（秋伊）、馬賡良（幼眉）、孫德祖（彦清）、陶方琦（子縝）、李慈銘（蓴客）、陶濬宣（心雲）、孫垓（子久）、何澂（競山）等，東臯雅集，每多會飲。其間詩文篇什，散存日記，能補刻稿缺佚；杭風紹俗，隨時記載，可證吴越舊習。今影印刊佈，以廣流傳，亦史家之幸事也。（方俞明）

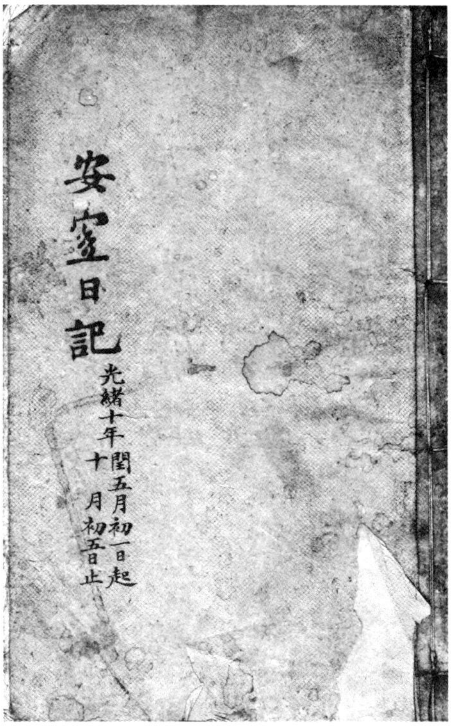

安宜日記

光緒十年閏五月初一日起

十月初五日止

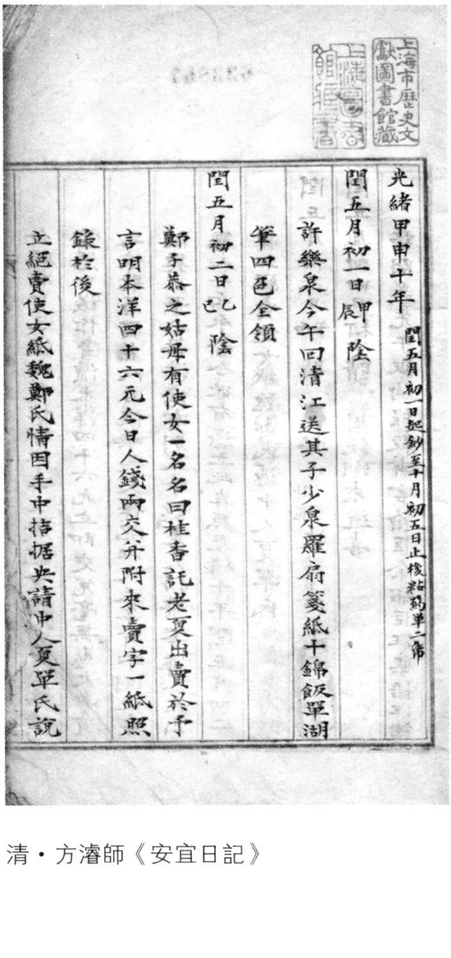

光緒甲申十年 閏五月初一日起鈔至十月初五日止核點爲單二册

閏五月初一日甲辰 陰

許樂泉今午回清江送其子少泉羅府箋紙十錦飯單湖

筆四色全領

閏五月初二日乙巳 陰

鄭子恭之姑母有使女一名名曰桂香託老夏出賣於予

言明本洋四十六元今日人錢兩交并附來賣字一紙照

錄於後

立絕賣使女紙魏鄭氏情因手中拮据央請中人夏單氏說

清・方濬師《安宜日記》

安宜日記

《安宜日記》不分卷，清方濬師撰。稿本。

方濬師（一八三〇—一八八九），字子嚴，號夢簪，安徽定遠人。方士鼐之子。清咸豐五年（一八五五）舉人，歷官内閣中書、總理各國事務衙門章京、侍講學士、廣東肇陽羅道等職。著有《退一步齋詩集》《詩集》《二程粹言直解》《蕉軒隨録》等。

《日記》，稿本，二册，寫於『緑天吟館主人製』紫格稿紙上，半葉九行，行字不等。現存清光緒十年（一八八四）閏五月初一日至十月初五日、光緒十二年（一八八六）七月初一日至十二月三十日，記方氏晚年事。第一册書衣題『安宜日記。光緒十年閏五月初一日起十月初五日止』，第二册格式略同。日記第一册閏五月十五、六月二十日前後，第二册十月二十日前後等處字迹互不相同，非一人所寫。據第一册卷端首行有『閏五月初一日起，鈔至十月初五日止，後粘藥單二紙』字樣，可見日記并非殘缺，而是方氏命人鈔録，并自己續有所記。第二册末附揚州至金陵水路行程單、方臻峻履歷等。

安宜爲江蘇寶應縣之古稱，此兩年日記爲方濬師居寶應期間所作，故以此名之。方氏日記内容最大特點在於詳細，殆其將所立契約、往來書信、詩詞創作等，悉數納入其中，相較而言，實際記事篇幅反顯簡略。如光緒十年閏五月初二日，鄭子恭姑母賣使女予方氏，請夏單氏爲中人，立絶賣使女紙，日記中就全文鈔録契約内容。初四日，收到四人：林小溪、芰塘六兄、陳半樵、巨川來信，日記亦逐一全文鈔録。篇文中時任湖廣道監察御史的方汝紹（芰塘）信中言及『朝政更張，實多年未有之變局。現樞院盡屬生手，幸昨將許星老派入，較爲得力。西南兵事消息不佳，無餉無兵，如何是好。看此局面，不定將來如何瞭結』云云，可謂洞悉時勢，而家族内部傳遞朝廷消息，爲彼時常事。更有甚者，其將他人致兒輩信函，也一并鈔入，以致一日所載，連篇纍牘，不免枝蔓之譏。十年七月下旬，方母去世，此後數十日，方濬師詳記母親做七（而今江南仍有此習俗）以及各方吊唁（今此傳統已無如此繁瑣）之事，從中可窺見方氏本人的交游情況，乃至定遠方氏一族在地方上之勢力。光緒十一年十一月二十六日方濬師爲會好友倪文蔚，乘船赴揚州，先至揚州安定書院晤兄長方濬益，停留數日拜會親友，十二月初一日赴金陵，初六抵水西門，次日始晤倪文蔚。回揚州則由大火輪船拖帶小舟，日行一百八十里，當天即抵瓜洲，次日到揚州。十二月十二日仍由火輪船拖行，回到寶應，又送倪文蔚北上，一直送到清江浦，始返回寶應。方氏此行目的何在，因日記中止，尚不甚明瞭。但火輪船在當時的使用，直接對生活之節奏産生巨大影響，是亦我國近代化進程中之具體而微者。（李軍）

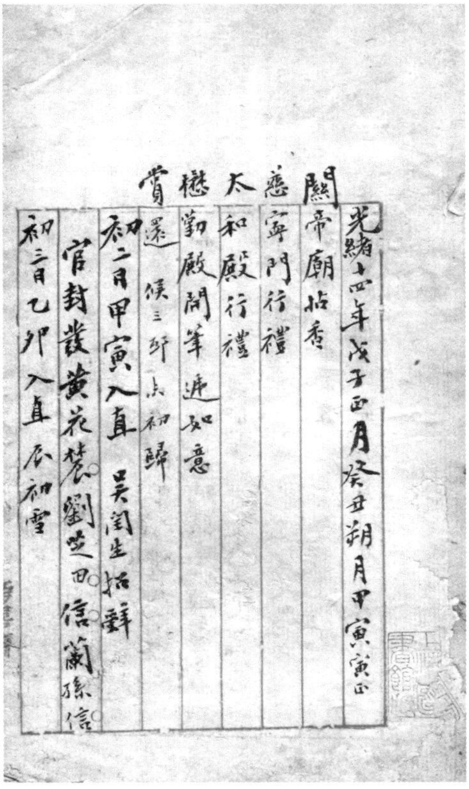

光緒十四年戊子正月癸丑朔月甲寅寅正
關帝廟拈香
慈寧門行禮
太和殿行禮
懋勤殿開筆進如意
賞還 候三邸未初歸
初二日甲寅入直 吳閏生招辭
官封叢黃花蕊劉芝田信 蘭孫信
初三日乙卯入直 辰初雪

清·潘祖蔭《先文勤公日記》

先文勤公日記

《先文勤公日記》，清潘祖蔭撰。稿本。

潘祖蔭（一八三〇—一八九〇），字東鏞，又字朝陽，號伯寅、少棠、鳳笙、鄭盦，齋號滂喜齋、功順堂、攀古樓等，江蘇吴縣（今蘇州）人。潘世恩之孫。清咸豐二年（一八五二）壬子科一甲第三名進士，授翰林院編修，遷侍讀學士，入值南書房，充日講起居注官。歷官大理寺少卿，權兵部尚書，刑部、工部尚書，加太子太保，入值軍機處。清光緒十六年（一八九〇）卒，年六十一歲，贈太子太傅，謚文勤。

祖蔭畢生嗜學，通經史，好收藏，儲金石書畫及古籍善本甚富。輯刻有《滂喜齋叢書》五十種、《功順堂叢書》十八種，内容豐贍，校勘精審，爲士林所重。著有《潘文勤公奏疏》《攀古樓彝器款識》《鄭盦遺集》《鄭盦詩存》《鄭盦文存》《芬陀利室詞》等。

祖蔭生平日記，有咸豐八年（一八五八）任陝甘鄉試正考官時所記之《秦輶日記》，清同治六年（一八六七）以工部右侍郎奉旨往沈陽辦理清太祖福陵工程事務時所記之《瀋陽紀程》，同治四年（一八六五）、同治十二年（一八七三）、光緒元年至五年（一八七五—一八七九）、光緒十二年（一八八六）、光緒十六年（一八九〇）辦理東陵事務時所記之《東陵日記》，同治五年（一八六六）、光緒三年至四年（一八七七—一八七八）、光緒六年（一八八〇）、光緒十三年（一八八七）、光緒十五年（一八八九）辦理西陵事務時所記之《西陵日記》，悉有刊本行世。而潘氏日記之稿本，今分藏蘇州博物館及上海圖書館。

蘇州博物館所藏之日記稿本，存同治二年（一八六三），光緒七年至十三年（一八八一—一八八七）、光緒十五年至十六年（一八八九—一八九〇），末册絶筆於去世前一日之十月二十九日，共十年。稿本分訂爲綫裝十二册，二十世紀五十年代蘇州市文管會得於潘氏故宅中。此稿本題作『滂喜齋日記』，爲《中國古籍善本書目》所著録，已列入二〇〇八年公佈之第一批國家珍貴古籍名録，二〇一六年由文物出版社影印出版，同時刊行標點整理本。

上海圖書館藏潘氏日記稿本，書籤題『先文勤公日記。清光緒十四年稿本。姪孫潘承弼謹裝』。按：承弼號景鄭，後以號行，其祖父祖同，爲祖蔭之從兄，此稿本即景鄭捐贈上海圖書館者。日記書於紅格稿紙上，半葉九行，版心下方有『滂喜齋』三字。日記起光緒十四年（一八八八）正月初一日，止十二月二十九日，適可補蘇州博物館藏本之缺。

光緒十四年祖蔭署工部尚書，全年皆在北京。日記首先詳記其進宫奏答及差辦之公務，如四月十七日派閲考試試差卷，八月初七日兼署户部尚書，初八日派溝渠河道大臣，二十八日派閲宗室鄉試覆試卷，九月二十七日派順天鄉試覆試閲卷大臣等。次述同僚往來、友朋贈答之事，可見祖蔭與盛昱、沈曾植、孫家鼐、王懿榮、翁同龢、翁心存等在京官員文人之交游梗概。又慈禧皇太后每將所作用以賞賜臣下之繪畫交由祖蔭題詩，且派擬内宫及園囿之殿名、門名、船名，書寫匾額、楹聯等，爲數甚巨，致祖蔭不堪其負而請友人代作。

本年十月初四日記：『康祖詒上書。號長素，友之（國器）從孫，自稱南海布衣。』初八日記：『康祖詒、金銓、陳與冏來。』十七日記：『送康祖詒（長素）八金，并允其伯祖友之（國器）作志。』按：康有爲本年參加順天鄉試，落榜後在京中遍訪朝貴，其《自編年譜》中載謁見祖蔭之事，正可與日記相印證，亦爲康氏早年政治活動之史料。（秦蓁）

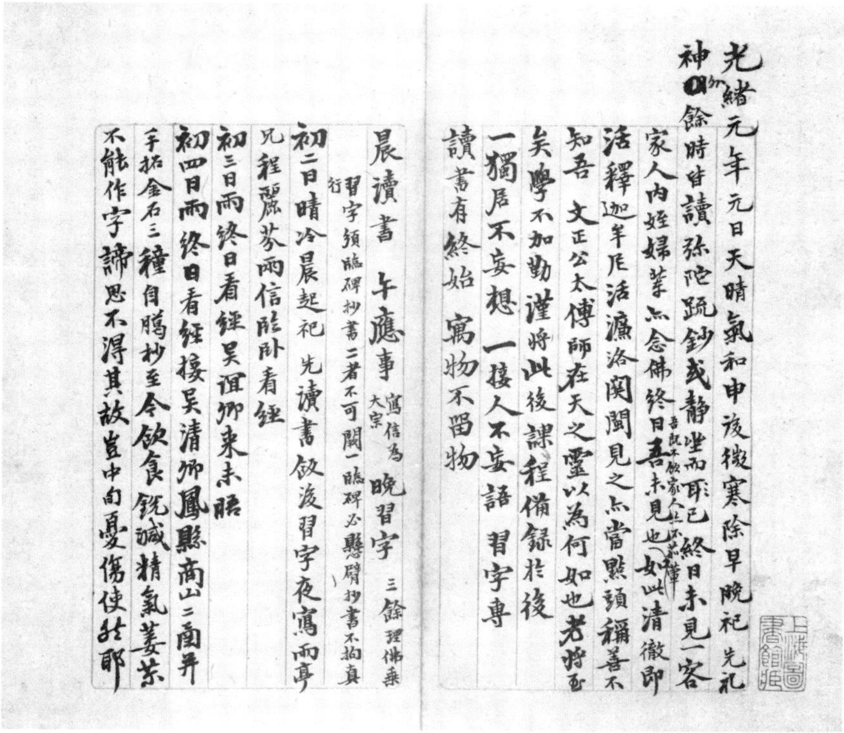
光緒元年元日天晴氣和申後微寒除早晚祀 先孔
神外餘時皆讀孫陀疏鈔或靜坐而已終日未見一客
家人內姪婦輩亦念佛終日吾說不欲家人亦不[illegible]吾未見也如此清徹即
活釋迦牟尼活濂洛關閩見之亦當點頭稱善不
知吾 文正公太傅師在天之靈以為何如也考將至
矣學不加勤謹將此後課程備錄於後
一獨居不妄想 一接人不妄語 習字專
讀書有終始 寓物不留物

晨讀書 午應事寫信為大宗 晚習字 三餘理佛乘
習字須臨碑抄書二者不可闕一臨碑必懸臂抄書不拘真行
初二日晴冷晨起祀 先讀書飯後習字夜寫兩亭
兄程蘧芬兩信酣臥看經
初三日雨終日看經吳誼卿來未晤
初四日雨終日看經接吳清卿鳳縣商山二函并
手拓金石三種自騰抄至今飲食銳減精氣萎苶
不能作字諦思不得其故豈中有憂傷使然耶

清·李鴻裔《蘇鄰日記》

蘇鄰日記

《蘇鄰日記》不分卷，清李鴻裔撰。稿本。

李鴻裔（一八三一—一八八五），字眉生，號香嚴，又號蘇鄰，四川中江人。清咸豐元年（一八五一）以拔貢生中順天鄉試舉人，入貲爲兵部主事。咸豐十年（一八六〇）南下，先後入胡林翼、曾國藩幕府，鎮壓太平軍，既而權十府糧道。江南平復，擢江蘇按察使，論功加布政使銜，賞頂戴花翎。旋以耳疾請開缺，退居蘇州，得瞿氏網師園葺治之，改名蘧園。因去蘇舜欽所搆滄浪亭不遠，又號蘇鄰。收藏書畫古籍、金石碑帖甚富。寄情物外，晚年好佛。與潘祖蔭、曾紀澤、李宗羲、錢應溥、潘曾瑋、吴雲、李榕、高心夔、莫友芝交好，并與潘曾瑋、吴雲、顧文彬等在吴中舉行真率會、七老會。工詩文，擅書法。著有《蘇鄰遺詩》《金石書畫雜記》《蘇鄰隨筆》《履坦園五雜俎》《懷辛閣雜鈔》《李氏筆記》《濫觴録》等。僅《遺詩》一種由黎庶昌刻於日本，其餘各種稿本藏上海圖書館。

《鄰蘇日記》不分卷，存清同治十三年（一八七四）、清光緒元年（一八七五）間手稿，非每日必記，而有間斷，不相連屬，疑有殘缺。書中鈐『鴻裔』白文方印。日記前有小序，述作日記之宗旨所在，此前副葉另有同治十二年（一八七三）冬李氏題『隨時領悟懸臂之活，運筆使轉之勢』大字二行，可見其習書之勤，日記中多言臨池事，是其力證。另有《靠蒼閣日記》稿本，一册，上海圖書館藏，記光緒六年至光緒八年（一八八〇—一八八二）間事。（李軍）

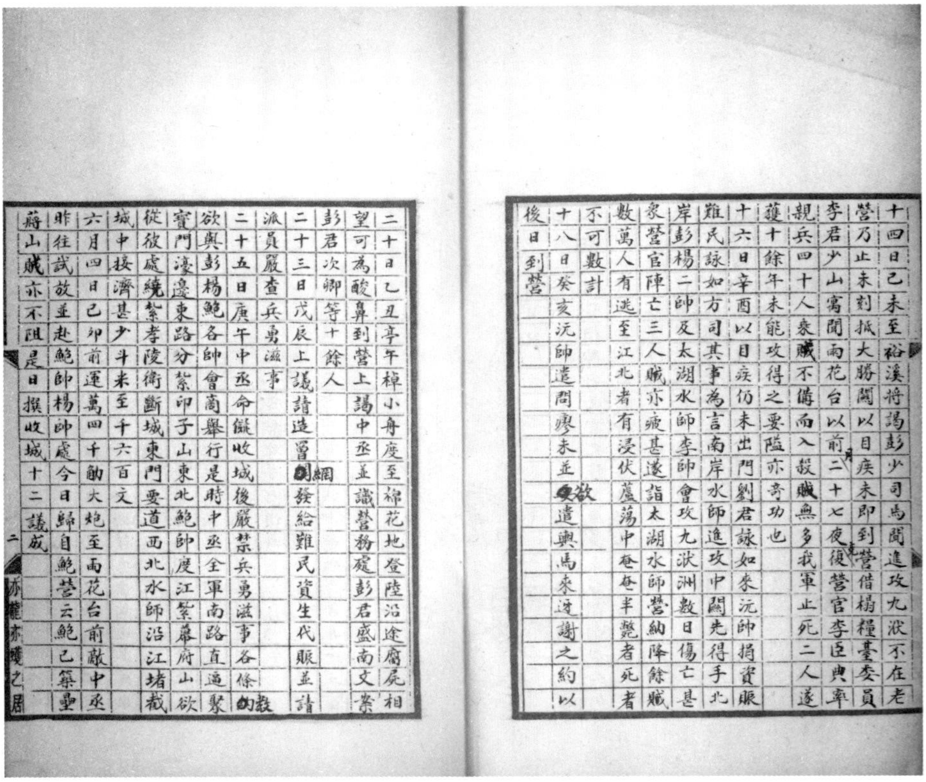
十四日己未至裕溪將謁彭少司馬聞進攻九洑不在老
營乃止未刻抵大勝關以目疾未即到營借楊糧臺委員
李君少山寓聞雨花台以前二十七夜復營官李臣典率
親兵四十人衆賊不備而入殺賊無多我軍止死二人遂
獲十餘年未能攻得之要隘亦奇功也
十六日辛酉以目疾仍未出門劉君詠如來沅帥捐資賑
難民詠如方司其事為言南岸水師進攻中關先得手北
岸彭楊二師及太湖水師李師會攻九洑洲數日傷亡甚
衆營官陣亡三人賊亦瘴甚遂詣太湖水師營納降餘賊
數萬人有逃至江北者有浸伏蘆蕩中奄奄半斃者死者
不可數計
十八日癸亥沅師遣問疹未並欲遣輿馬來迓謝之約以
後日到營

二十日乙丑亭午棹小舟度至棉花地登陸沿途腐屍相
望可為酸鼻到營上謁中丞並識營務處彭君盛南文棨
彭君次卿等十餘人
二十三日戊辰上議請造置綱發給難民資生代賑並請
派員嚴查兵勇滋事
二十五日庚午中丞命嚴收城後嚴禁兵勇滋事各條數
欲與彭楊鮑各帥會商舉行是時中丞全軍南路直通聚
寶門濠邊東路分紮卯子山東北鮑帥度江紮幕府山欲
從彼處繞紮孝陵衛斷城東門要道西北水師沿江堵截
城中接濟甚少斗米至千六百文
六月四日己卯前運萬四千觔大炮至雨花台前敵中丞
昨往試放並赴鮑帥楊帥處今日歸自鮑營云鮑已築壘
蔣山賊亦不阻是日擬收城十二議成

清・趙烈文《白下從戎日記》

白下從戎日記

《白下從戎日記》不分卷，清趙烈文撰。陽湖趙氏鈔本。

趙烈文（一八三二—一八九四），字惠甫，一字偉甫，號能靜，齋號能靜居、天放樓、落花春雨巢，江蘇陽湖（今常州）人。曾先後入曾國藩、曾國荃幕府，深受倚重。經曾氏舉薦，官易州知州。晚年居常熟，築天放樓，藏古籍碑帖甚富。著有《能靜居函稿》《趙惠甫手札》《趙惠甫家書》《磁州批牘》《歷代金石拓本》《天放樓碑跋》等。

白下從戎，顧名思義，爲趙氏在金陵戎幕中之日記，詳記清軍鎮壓太平軍、攻克天京之過程。此鈔本一册，寫於藍方格稿紙上，半葉十三行，行二十二字，左右雙邊，上下黑口，雙對黑魚尾，下魚尾上記葉次，版心下方鎸『亦龍亦蠖之居』字樣，爲陽湖趙氏自製之稿紙。選録日記起於清同治二年（一八六三）四月十三日，止於同治三年（一八六四）十月十二日。此本并非每日皆録，故此一年間之内容，視《能靜居日記》

原稿爲少。字裏行間及天頭地脚均有校字，前墨後朱，字迹不同。據卷尾常熟俞鴻籌朱筆題跋稱：『此册爲能靜居士自摘日記中圍攻金陵二年之事，自同治癸亥四月始，至甲子十月止，約二萬餘言，皆爲重要史料。居士日記卷數甚多，聞原本今存南京圖書館。此摘録本或係當日有人索閲金陵舊事，故另付鈔胥。所惜魚豕甚多，居士手校者僅及二十三葉而止，以下余以朱筆臆校，恐仍有未盡也。亦龍亦蠖之居爲居士書齋之一。己亥重九，運記。』并鈐有『虞山俞鴻籌印』白文方印。四十六葉中，前二十三葉係趙烈文手校，後二十三葉係俞氏理校。按：己亥爲一九五九年，俞鴻籌字運之，有《日記》稿本已收入本叢刊，可參看。

趙氏《能靜居日記》稿本現藏臺北『中央圖書館』，凡五十四卷，存清咸豐八年（一八五八）五月初四日至清光緒十五年（一八八九）六月二十日，共三十二年。一九六四年臺北學生書局據稿本影印後始流行於世，二〇一三年岳麓書社出版此書整理本，乃易於檢讀。此外，南京圖書館藏有《落花春雨巢日記》六卷，稿本一種，鈔本兩種。其中稿本五册，鈔本一種一册、一種五册，皆存咸豐二年至五年（一八五二—一八五五），皆爲前者稿本、整理本所無。一九六四年之前，趙氏日記均以鈔本形式流傳。《白下從戎日記》正如俞鴻籌題跋所言，是趙烈文應某人索閲而命人摘鈔成書，以之贈閲。取《能靜居日記》與之相比勘，可以發現此節録本不僅未逐日鈔録，而且所選各條也有所删削、改動，與原稿并非完全相同。然既經趙氏本人校閲，可視爲趙氏日記之不同文本。（李軍）

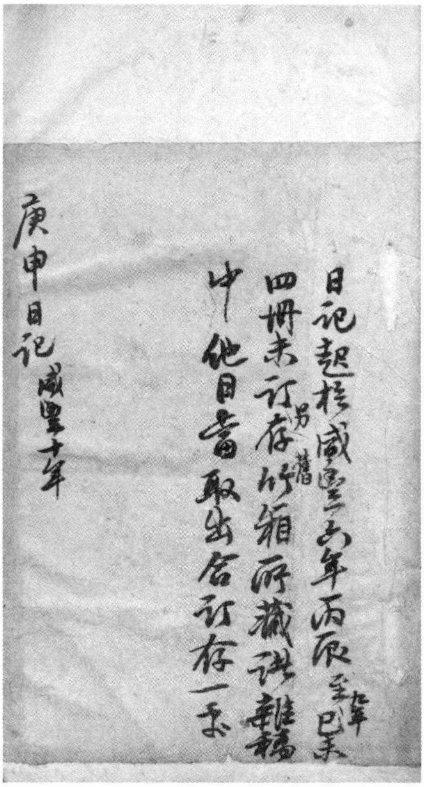

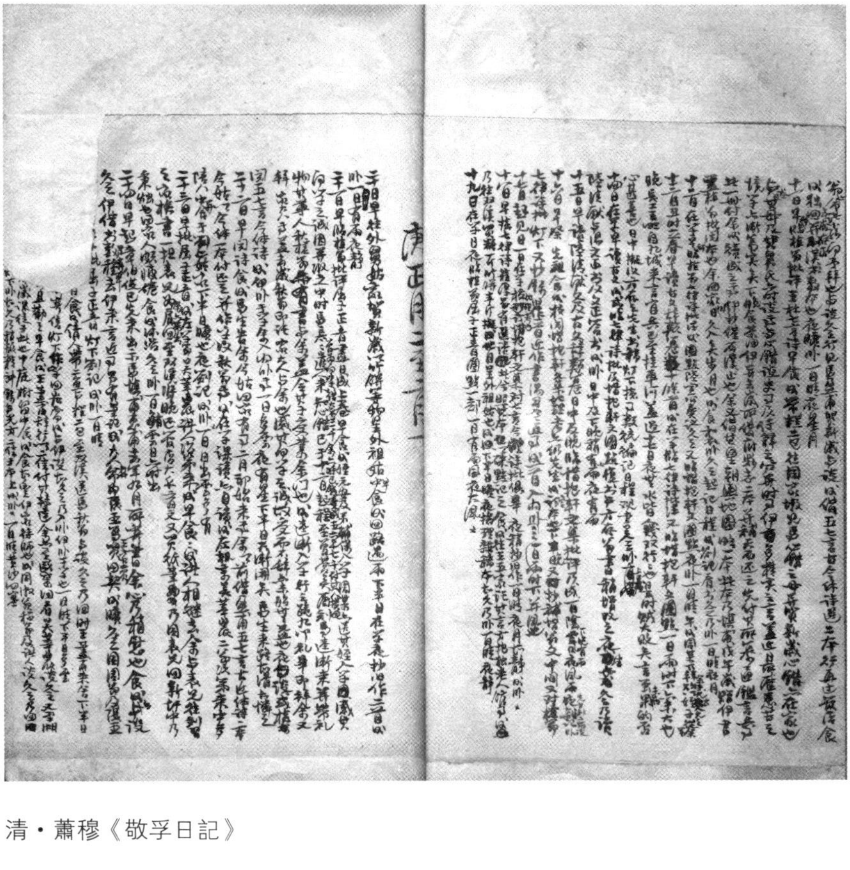

清・蕭穆《敬孚日記》

敬孚日記

《敬孚日記》不分卷，清蕭穆撰。稿本。

蕭穆（一八三五—一九〇四），字敬甫，一作敬孚，安徽桐城人。諸生。家世爲農，明清五百年族中無一秀才，至穆好讀書，然終未得科名。後以人介謁曾國藩，入上海製造局，爲廣方言館潤色所譯書。精於版本目録之學，袁昶刻《漸西村舍叢書》、王先謙刻《清經解續編》《續古文辭類纂》，皆得其助。又曾隨黎庶昌使東，訪購異書，并協助刊刻《古逸叢書》。著有《敬孚類稿》《敬孚文鈔》《蕭敬孚叢鈔》等。

全書七十二册，寫於無格竹紙上，行密字小，晚年字始略大，早年部分已經襯裝。現存清咸豐十年（一八六〇）一月初一日至光緒三十年（一九〇四）七月初四日，中缺光緒二十八年（一九〇二）日記。首册書衣題『庚申日記，咸豐十年』，另有墨筆題記三行『日記起於咸豐六年丙辰，至九年己未，四册未訂，另存舊竹箱所藏諸雜稿中，他日當取出，合訂存一處』。此四册今未見，恐已散失。

蕭氏日記，自二十六歲起，終於七十歲去世前。其間經太平天國運動，當時蕭氏年方二十餘歲，僻居鄉里，日記未涉及戰事。同治二年（一八六三）四月中旬，二十九歲的蕭穆赴安慶，借寓方宗誠處。四月二十四日在洪汝奎處用過早飯後，拜見曾國藩，『下問良久乃出』，繼而訪莫友芝、黎庶昌、孫衣言等，獲見莫氏所藏唐人所寫《説文·木部》殘卷，嘆爲可寶。蕭氏赴上海任職後，日記中涉及交游、購書、作文甚多，有可與其文集相互印證處。如光緒二十五年（一八九九）九月初二日記『到四象橋北訪何詩孫，談話良久。計自乙未秋在此地秦朱兩狀元巷往還，一别今五年矣。詢其祖子貞先生文集，今尚未刻。其先世書籍、手澤均存長沙寓所。又述及子貞先生當時在國史館遣人鈔乾隆朝實録六十册，名曰《高宗政要》。乾隆一朝時政均爲詳備。猶記乾隆二三十年間英吉利國進自鳴鐘二架，大者高寬均有兩丈，次者均一丈五尺，安置於圓明園。大者安置用三十日，次者二十日之功乃就。高宗深爲疑慮，曾有二十多道諭旨，命沿江海疆督撫預爲防備。此等要旨，今王先謙《續東華録》均未敢載，知此書所遺要事尚多矣』，即《敬孚類稿》卷八《記何子貞太史所纂高宗政要》一文所由出，日記内容仍可補此文之未備，類似者尚有不少。（李軍）

北征日記

寄京信

壬午年

五月初吉上緝署書　復自抄呈將軍書

初吉上劉拜摺　致馮升莊同年信　復銅井書

玫鼓少圃来函

初吉復王薇雲書　復宋勷金書　復振之書

初四日赴也阿瑩盤查核各軍　時放三月分餉銀祝軍

二瑩巳抄初吉緝裘笙字三瑩於初吉緝裘帽清書

左跣三瑩當来領出也申刻回城

初吉撤摺稿片稿各

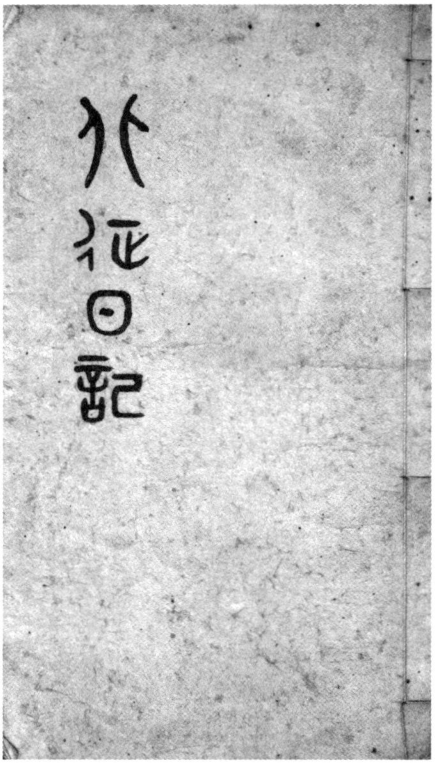

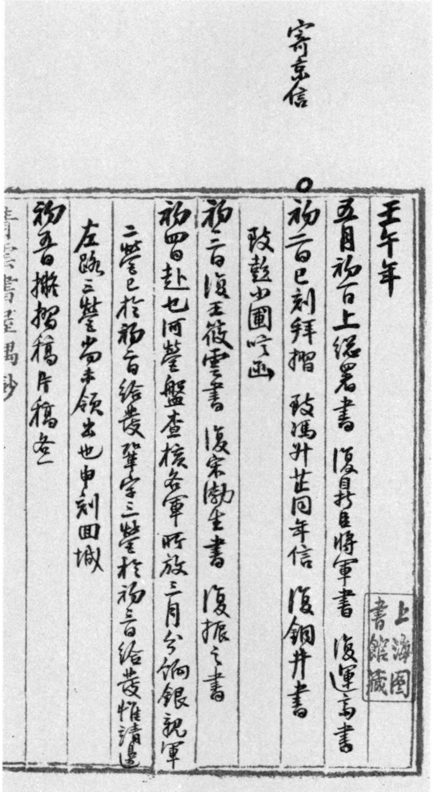

清·吴大澂《北征日記》

北征日記

《北征日記》不分卷，《辛酉日記》不分卷（原題《止敬室日記》），清吴大澂撰。稿本。

吴大澂（一八三五—一九〇二），原名大淳，後避同治帝諱改今名，字清卿，號恒軒、白雲山樵、愙齋等，江蘇吴縣（今蘇州）人。清同治七年（一八六八）進士，散館授編修。歷官陝甘學政、河南河北道、太僕寺卿、湖南巡撫等職。早年師從陳奂、俞樾等，致力於《説文》之學。其篆書深受吉金文字影響。顧廷龍《吴愙齋先生年譜敘例》稱吴氏畫『兼擅人物、花卉、翎毛，而以山水爲最工，蓋宗法王石谷、惲南田，於元明及清初諸名家亦復擷採英華，乳融腕底』。馮超然也認爲其『畫法得北苑正鋒』。吴大澂書畫創作之成就，生前即已享有盛名。中日甲午戰争期間，吴氏主動請纓，率領湘中子弟出關迎敵，兵敗而歸，遂爲世人譏諷。對於吴氏一生政治功過，近百年間仍存争議，但其對金石學及書畫之巨大貢獻，則獲得一致肯定。作爲晚清最爲重要的金石學家、古文字學家之一，吴氏著述甚豐，有《説文古籀補》《愙齋集古録》《恒軒所見所藏吉金録》《權衡度量實驗考》《古玉圖考》等傳世，生平事迹詳見顧廷龍《吴愙齋先生年譜》。

吴氏畢生勤於著述，日記稿本留存不少，惜大多散失。目前可見者，計有記清咸豐末年避難之《吴清卿太史日記》僅鈔本流傳（稿本未見）；《止敬室日記》稿本，記咸豐十一年（一八六一）辛酉避難上海時事，又名《辛酉日記》；《恒軒日記》稿本，記同治初年應試事；《北征日記》稿本，記光緒八年至九年（一八八二—一八八三）赴吉林幫辦軍務事；《皇華紀程》有稿本、鉛印本流傳，記光緒十二年（一八八六）赴吉林琿春勘界事。

上海圖書館藏《止敬室日記》起自咸豐十一年元旦，訖於三月三十日，原爲吴氏家藏，末有民國二十六年（一九三七）吴湖帆題記，民國間曾以《愙齋日記》之名，載於《青鶴》雜誌，惜缺最後數日，所記皆吴氏寓滬時交游之事，尤於經眼書畫、文物鑒賞記録頗詳。《北征日記》起自光緒八年五月初一日，訖於光緒九年八月十九日，詳記在東北辦差行程，亦有鈔録自著《説文古籀補》之記録。（李軍）

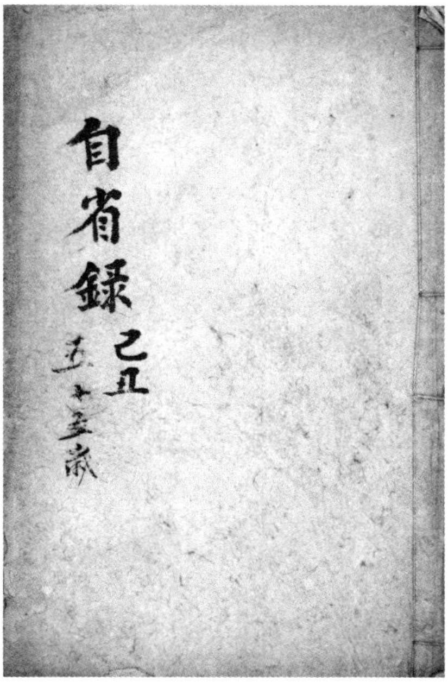

自省録 己丑
五十五歲

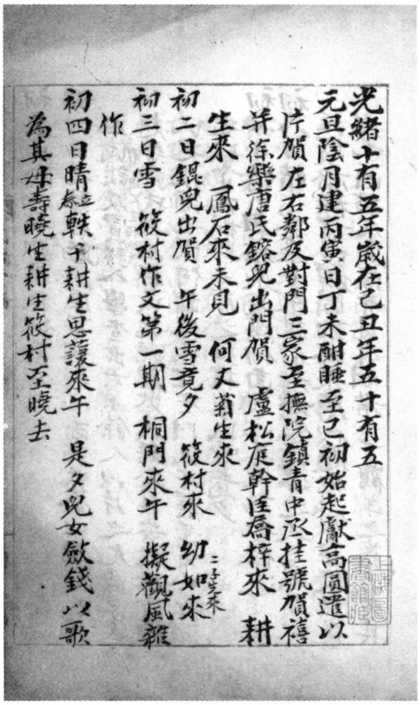

光緒十有五年歲在己丑年五十有五
元旦陰 月建丙寅日丁未 酣睡至巳初始起 獻高圓還以
序賀左右鄰及對門三家 至撫院鎮青中丞挂號賀禧
并答謝唐氏 鎔兒出門賀 盧松庭幹臣喬梓來 耕
生來 鳳石來未見 何又蘅生來
初二日 錕兒出賀 午後雪竟夕 筱村來 幼如來 二子步來
初三日雪 筱村作文第一期 桐門來午 擬觀風雜
作
初四日晴 軼千耕生思讓來午 是夕兒女斂錢以歌
為其母壽 曉生耕生筱村至晚去

清・錢國祥《錢國祥日記》

錢國祥日記

《錢國祥日記》不分卷，《適秦日記》不分卷，《閩游日記》不分卷，《東游日記》不分卷，《後東游日記》不分卷，清錢國祥撰。稿本。

錢國祥（一八三五—？），字乙生，江蘇吴縣（今蘇州）人。錢辰之子。貢生。候選訓導。以授徒自給，内兄汪鳴鑾任陝甘學政，延往襄校。清光緒十七年（一八九一），任上海製造局兼翻譯館校勘，廣方言館教習。著有《字拊》《蘇州府長元吴三邑諸生譜》《式詁堂文稿》《式詁堂詞譜證異》《乙仲氏詩集》《南錢草堂詩集》《南泉詩集》《扶桑紀年》等數十種。

錢氏日記共計十五册，存十四年時間。其中題名《錢國祥日記》者八册，用『式古堂稿』緑框稿紙，半葉十行，行二十二字，現存清咸豐三年至四年（一八五三—一八五四）、咸豐七年（一八五七）、咸豐十年至十一年（一八六〇—一八六一）、光緒十五年（一八八九）、光緒二十二年至二十三年（一八九六—

一八九七）。《適秦日記》一册，用緑格稿紙書寫，半葉八行，行二十字，存清同治九年（一八七〇）八月二十二日至十月十七日。《閩游日記》二册，用紅方格稿紙，半葉九行，行二十一字，存光緒八年（一八八二）八月二十一日至光緒十年（一八八四）五月初十日。《東游日記》二册，用紅方格稿紙，半葉九行，行二十一字，存光緒十一年（一八八五）元旦至二月初十日、十一年七月初七日至十二年（一八八六）除夕。《後東游日記》二册，用紅方格稿紙，半葉九行，行二十一字，存光緒十一年十一月初一日至光緒十四年（一八八八）除夕。

咸豐年間，錢氏家居，日記多記瑣事而頗簡略，相與過從者有汪鳴鑾、吴大澂等。咸豐末年，蘇城被太平軍攻陷，錢氏外出避難，故咸豐十年日記僅存正月至四月，咸豐十一年記在外窘况，如正月初五日『祀神，用三百八十文，去年蘇省已失，何報功之有。今春祭之，爲祝蘇城必克，大家好活命也』，初十日『夜餓甚』，十八日有『至汪印氏，適煎蛋』，直至十二月二十六日太湖邊仍有『長毛來捉船』的記録，可窺太平軍在蘇之活動，以及作者逃難生活之困苦。惜蘇州收復後，錢氏回鄉日記不存，否則前後對讀，必讓人感慨今昔。除以上八册外，單獨命名的幾種日記依次爲：《適秦日記》爲錢氏應汪鳴鑾之聘，入秦途中所記，沿途里程、見聞及訪古諸事，皆詳加記録，而日記卷終，猶未抵秦，似有缺失。葉昌熾曾借閲此稿，以爲記事多於訪古，不免失望。《閩游日記》係錢氏經汪鳴鑾推薦，入福建學政幕府，自蘇州出發，經吴江、杭州、富陽、衢州、龍游抵達福州，又襄校閩省下屬興化、泉州、古田等諸府縣童生試卷，三年畢功，即返吴門。錢氏對於按試前後始末，記録尤多，於個中弊端亦能秉筆直書，反映光緒間福建科場之内幕。《後東游日記》較《東游日記》多光緒十三年、十四年内容，而光緒十一年、十二年間則相互重複，記事自然也重複。且《後東游日記》書衣題名『東游日記』上『後』字似爲後添，卷端仍題『東游日記』，可見其似爲《東游日記》初稿，後經潤色謄録，遂變爲兩本。此兩本内容互有詳略不同，若相互比勘，可見其潤色之痕迹。主要内容爲錢氏應邀館於汪鳴鑾濟南官署中，後再次應山東學政陸潤庠之聘，入幕襄校試卷，所謂『後東游』即在陸氏幕府時也。（李軍）

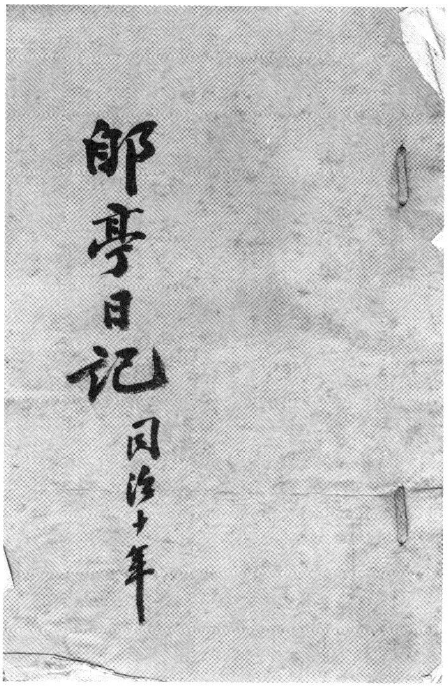

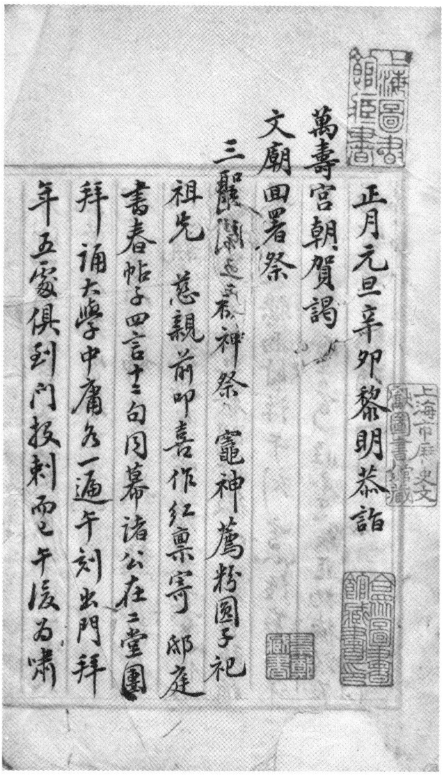

清・汪鳴鑾《郎亭日記》

郋亭日記

《郋亭日記》不分卷，清汪鳴鑾撰。稿本。

汪鳴鑾（一八三九—一九〇七），號柳門、潛泉，後又號郋亭，錢塘人，原籍安徽休寧，先世以鹽業起家，經商於浙江，遂隸籍錢塘。其父僑居吴門，鳴鑾遂長於吴中。據其門人葉昌熾《前吏部右侍郎總理各國事務大臣郋亭汪公墓誌銘》云：『曾祖雲棟，候選訓導山東候補通判。妣何氏。祖彦寀，山東候補通判，歷署武定府海防同知、沂州府沂郯海贛通判。妣潘氏。父繼昌，錢邑庠生。妣韓氏。三代皆以公貴，纍贈如其官。妣皆封一品太夫人。公兄弟五人，次居長。韓太夫人孕十六月而生，幼有夙慧，七歲即能通小篆。外王父履卿先生，爲桂舲尚書之介弟……與吴愙齋中丞昆季爲中表，申之以婚姻。踔厲名場，以文行相砥鏃，先後通籍。』汪母爲韓崇次女，吴大澂母親之胞妹，故汪、吴兩人爲中表兄弟。

清同治元年（一八六二），汪鳴鑾與吴大澂、吴大衡兄弟入都應試，同行三人，此科均未中式。至同治三年（一八六四），三人再應順天鄉試，汪鳴鑾中式舉人。次年，汪氏中進士。散館授編修，歷任陝甘、江西、山東、廣東學政，工部侍郎。清光緒二十一年（一八九五）在吏部侍郎任上，突遭黜職，永不敘用。據崇彝《道咸以來朝野雜記》云：『光緒乙未、丙申間，同日罷兩侍郎，吏部侍郎汪鳴鑾、户部侍郎長麟也。汪爲同治乙丑翰林，屢得學政試差，且爲甲午會試總裁，頗有文名，在工部侍郎任最久，甫調吏部，即落職……此事實爲張蔭桓而發，孝欽后欲借德宗語罷之。及垂詢，德宗始終不言及張，適汪侍郎以謝恩召對，遂謂：近日臣工召見，衹有汪鳴鑾。孝欽遂以離間兩宫之罪坐之。平日汪與翁文恭最密，蓋以惡翁而及汪，亦非無因。』汪氏著有《萬宜樓詩録》二卷、《詩聯續録》一卷、《書札》一卷、《聯語》一卷及《萬宜樓善本書目》《郋亭日記》等，多未刊行。

《郋亭日記》不分卷，稿本，一册。用緑格稿紙書寫，半葉八行，行字不等。汪氏自題書名，并小字附注『同治十年』四字。稿本共收録兩段、四個月日記，第一段始於同治十年元旦，止於二月十七日；第二段始於九月初七日，終於十月十四日。同治十年汪氏正在陝甘學政任内。太夫人吴氏不幸於上年末病逝，正月初二日適逢五七之期，汪氏因悼亡之故，心緒鬱悶，時時形諸文字。十六日終七，次日起閲公牘、課卷，繼而出巡屬下各府縣，考試生員。據汪氏《日記》，其母吴太夫人此年迎養於三原官署中，原擬秋間返吴，不料竟於夏間去世。按：《翁同龢日記》同治十年六月二十一日記云『陝西學政汪鳴鑾丁内艱』。《日記》自九月初七日始，汪氏逐日記從陝西三原扶柩返鄉，按日計程，十月初五日抵襄陽，次日上船，改水路東下。

卷首有『景鄭藏書』白文方印，係潘承弼先生著硯樓舊藏，後捐贈合衆圖書館。（李軍）

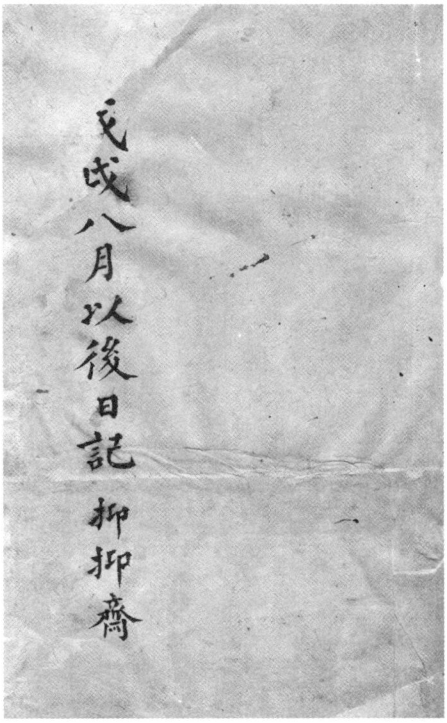

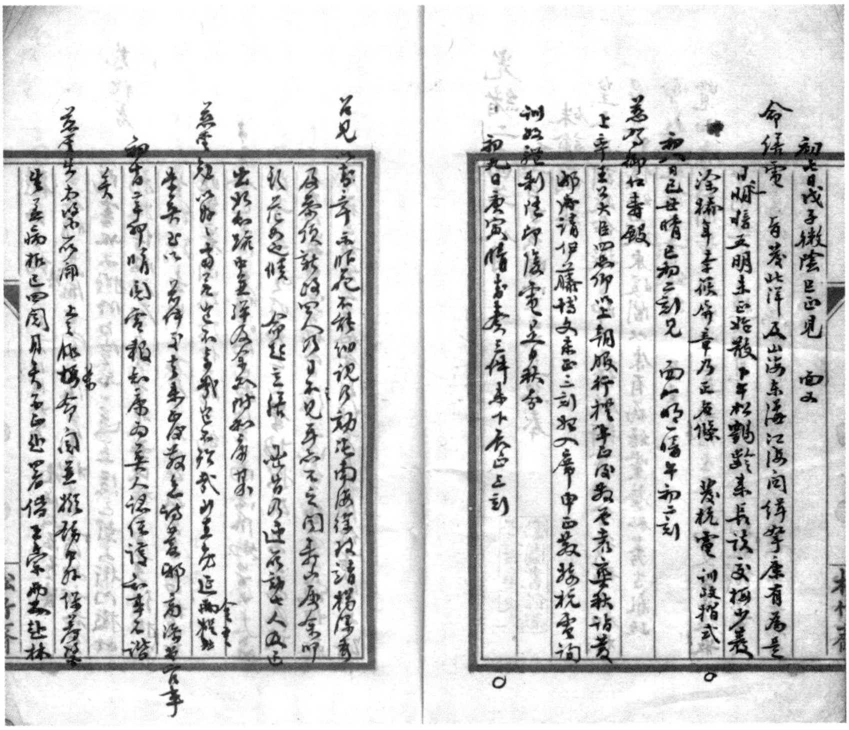

清·廖壽恒《抑抑齋日記》

抑抑齋日記

《抑抑齋日記》不分卷，清廖壽恒撰。稿本。

廖壽恒（一八三九—一九〇三），字仲山，號抑齋，永定人，寄籍嘉定。壽豐弟。清咸豐十一年（一八六一）順天舉人，清同治二年（一八六三）進士，授庶吉士，散館授編修。歷任湖南學政、總理各國事務大臣、兵禮户吏四部侍郎、左都御史、禮部尚書、刑部尚書等職。清光緒二十五年（一八九九）十二月罷值軍機，次年奏准開缺回籍。輯有《中州試牘》。《清史稿》卷四百三十九有傳。

《日記》稿本，二册，用『松竹齋』朱絲欄稿紙，半葉十行，四周雙邊，單魚尾。現存光緒二十四年（一八九八）八月初六日至二十五年（一八九九）四月初七日、光緒二十六年（一九〇〇）十月十六日至二十七年（一九〇一）五月三十日。據廖氏於二十六年一册首行記『光緒庚子十月十五日以前，另本書訖』一行，可知其中斷一年半日記另外裝訂，惜已散失，現存何處未知。

《日記》第一册，涉及戊戌變法之種種細節。光緒二十四年廖氏正入值内廷，適逢光緒帝『百日維新』失敗，維新黨人遭清廷捕殺，日記對此記録頗爲詳盡。如八月初六日即云：『寅正入值，忽奉硃諭，籲懇皇太后訓政。命擬旨，即日在便殿辦事。』『初八日，行禮。巳初，召見於儀鸞殿東暖閣。以康有爲結黨營私，莠言亂政，命立就傍案繕旨呈覽，即席封固帶下。延崇受之、英菊儕至直房面交。午正後散。』次日即有緝拿康有爲之電旨，十二日，又聞『命將康、劉、林、楊、譚、楊六人處斬』之信。僅此數端，足徵《抑抑齋日記》所載，於近代史之研究何等重要。

《日記》第二册，記廖壽恒一行自京南下，抵達上海，盛宣懷過訪等事。又光緒二十六年十月二十六日記，廖氏一行自上海觀音閣碼頭借許誦芬船返鄉，次日抵家，見四兄壽豐及家人。次年二三月間，四兄患病，至三月十九日逝世，日記對此記録亦頗詳，可爲考察廖氏晚年生活之間接史料。（李軍）

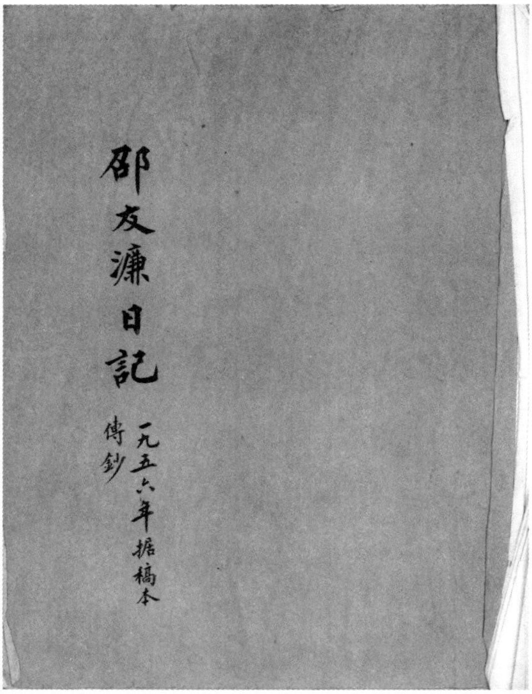
邵友濂日記
一九五六年據稿本
傳鈔

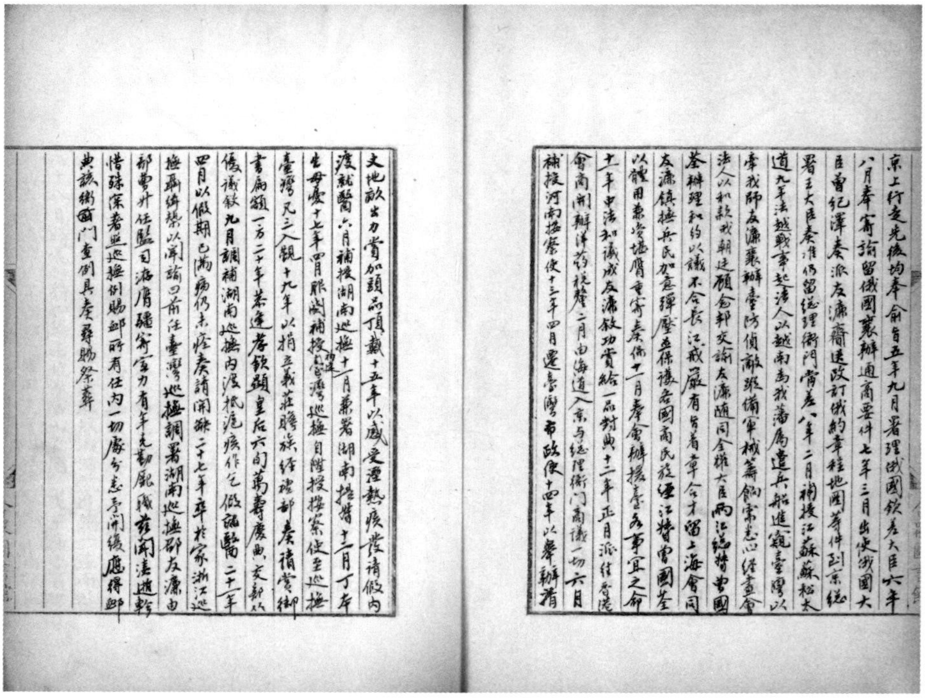
京上行走先後均奉命旨五年九月署理俄國欽差大臣六年
八月奉寄諭留俄國襄辦通商要件七年三月出使俄國大
臣曾紀澤奏派友濂齎送改訂俄約章程地圖等件到京總
署王大臣奏准仍留總理衙門當差八年二月補授江蘇蘇松太
道九年法越戰事起法人以越南為我藩屬遣兵船進窺臺灣以
牽我師友濂襄辦臺防偵敵狀備軍械籌餉需悉心經畫會
法人以和款我朝廷願息兵交諭友濂隨同全權大臣兩江總督曾國
荃辦理和約以議不合長江戒嚴有旨着革令才留上海會同
友濂鎮撫兵民加意彈壓並保護各國商民旋經江督曾國荃
以體用兼資堪膺重寄奏保十一月奉旨會辦援臺各事宜之命
十一年中法和議成友濂敘功賞給一品封典十二年正月派往香港
會商劃辦洋藥稅釐二月由海道入京与總理衙門商議一切六月
補授河南按察使十三年四月遷臺灣布政使十四年以舉辦清
丈地畝出力賞加頭品頂戴十五年以感受瘴熱疾發請假內
渡就醫六月補授湖南巡撫十一月兼署湖南總督十二月丁本
生母憂十七年四月服闋補授臺灣巡撫自陛授按察使至巡撫
臺灣凡三入覲十九年以捐立義莊贍族經禮部奏請賞御
書扁額一方二十年恭逢孝欽顯皇后六旬萬壽慶典交部從
優議敘九月調補湖南巡撫內渡抵滬瘧疾作乞假就醫二十一年
四月以假期已滿病仍未痊奏請開缺二十七年卒於家浙江巡
撫聶緝槼以劉韶曰前任臺灣巡撫調署湖南巡撫邵友濂由
部曹升任監司洊膺疆寄宣力有年克勤厥職茲聞溘逝軫
惜殊深着照巡撫例賜卹所有任內一切處分悉予開復應得卹
典該衙門查例具奏尋賜祭葬

清・邵友濂《邵友濂日記》

邵友濂日記

《邵友濂日記》不分卷，清邵友濂撰。鈔本。

邵友濂（一八四〇—一九〇一），原名維埏，字小村，一字筱村，號海外蜉生，其二十六歲前皆署名維埏，嗣因與族祖同名，至清同治四年（一八六五）浙江鄉試，即在部呈改名曰友濂，浙江餘姚人。姚江邵氏爲東南望族，人稱文獻世家。族祖如邵念魯（廷采）、邵二雲（晉涵）、邵瑤圃（瑛），皆爲清代碩儒。父燦，曾任漕運總督。友濂先由監生報捐員外郎，清咸豐八年（一八五八）籤分工部。同治四年中乙丑補行辛酉正科并壬戌恩科浙江鄉試舉人。十年（一八七一），補工部虞衡司員外郎。十三年（一八七四）以御史記名，八月，補總理各國事務衙門章京。清光緒四年（一八七八）八月，友濂以道員銜充出使俄國頭等參贊，隨欽差大臣崇厚前往俄國辦理交涉歸還伊犁事宜。五年（一八七九）九月，崇厚因擅簽《里瓦幾亞條約》被召回國，友濂奉旨署理出使俄國欽差大臣。六年（一八八〇）八月，接任使俄大臣曾紀澤到任，友濂交卸篆務，仍回參贊本任。七年（一八八一）正月，奉曾紀澤委派送約章、地圖等件回京。八年（一八八二）二月，授江蘇蘇松太道。九年（一八八三），法越戰事起，法人遣兵船進窺臺灣，友濂奉旨襄辦臺灣防務，并隨同兩江總督曾國荃參與中法和議事務。十二年（一八八六）六月，補河南按察使。十三年（一八八七）四月，遷臺灣布政使。十五年（一八八九），授湖南巡撫，兼署湖南提督，旋丁内艱。十七年（一八九一）服缺，補任臺灣巡撫。二十年（一八九四），與張蔭桓同爲欽差大臣出使日本。二十一年（一八九五），攝副使篆，隨欽差大臣李鴻章再次出使俄國。次年歸國，旋因病致仕。

友濂以善辦外交著稱，其著述手稿，身後由長房子孫世守。友濂長孫洵美，爲現代著名詩人，二十世紀五十年代初，曾蒙冤入獄四年，獲釋後貧病交加，不得已而以書易米。今鎮江市博物館所藏友濂《使俄文稿》一册、《家書》五十八通，皆爲邵氏家藏之物。《使俄文稿》末有跋云：『光緒初，先祖以伊犁畫界事，隨崇厚使俄，有《日記》四本，記述見聞事實，但對伊犁訂約、改約經過，或係保密故，略而不詳。此本乃當時公私函件草稿，甚多流露，洵可寶也。』跋無落款，或爲洵美所書。所言《日記》原稿四册，今不復見。

《邵友濂日記》，鈔本一册，以『合衆圖書館』專用箋紙鈔録，半葉十三行，行字數不等。封面題『邵友濂日記』，下注『一九五六年據稿本傳鈔』，以此知謄鈔於二十世紀五十年代中期。鈔本前録有《清史列傳·邵友濂傳》，字體與《日記》不同。《傳》文首葉鈐有『上海市歷史文獻圖書館藏』朱文長方印。日記傳鈔間有誤字，并有少量留空缺字，想係原稿字迹難以辨認所致。

邵氏《日記》鈔本，按其起訖可分爲兩段。前一段起自光緒四年九月二十六日，訖於五年閏三月二十九日；後一段起自光緒五年十二月初二日，訖於七年一月二十五日。

《日記》前一段，始於友濂離京動身使俄之日。《日記》後一段，斷其始於光緒五年十二月初二日，係從其後日期倒推而得。兩段之間脱漏有八月之久。後一段《日記》結束之日，友濂正整理行裝，即將啓程返國。横跨歐亞之萬里歸程，未見隻字記載。參照上引《使俄文稿》後跋所述『隨崇厚使俄，有《日記》四本』語，可知上海圖書館藏鈔本并非邵氏《使俄日記》之全部。

現存《日記》，以記述見聞爲主，所記行程甚詳。擇其大端，類分爲三：一曰使俄行程。其中自京啓程，陸行至通州，會合使團成員，經運河同舟至天津，再由津轉乘崇厚官船至上海，此爲第一程。自上海乘『阿發輪船』，經福州、香港，穿瓊州海峽，抵西貢（今越南胡志明市），過新加坡、蘇門答臘島，穿麻六甲海峽入印度洋，抵錫蘭（今斯里蘭卡），入非洲境，過亞丁灣，經紅海，穿埃及蘇伊士運河，達波賽（即塞得港），至地中海，入歐洲境，過墨西那（即意大利墨西那），抵那波里（即那不勒斯），至馬塞（即法國馬賽），結束船行，此爲第二程。由馬塞登陸，改乘火車至呂楊（即里昂），再坐車至巴黎（留六日），換火車至廓倫（即德國科隆），再抵柏爾林（即柏林），重登火車，至俄界又換車，始至畢里四不克（即俄首都聖彼德堡），到達全程終點，此爲第三程。自光緒四年九月二十六日離京，至十二月初八抵目的地，邵氏詳記各日里程，計七十餘日，纍計行程四萬餘里。二曰沿途風情。邵氏多記沿途游歷之見聞，如品美食、走花園、觀瀑布、望火山、下學堂、赴善會、看博物館、覽動物園、賞奇花異草、識珍禽猛獸，又得觀劇、馬戲、舞會、溜冰、射擊之樂，但凡風物人情、文化古迹、天文地理、物理曆算，無不採入記録。三曰西洋巧玩。邵氏《日記》中多記弈事，知其善弈好思。又出使途中，喜好西洋巧玩，舉凡鐘錶、珠寶、香水、牙刷、照相、油畫、骰子、煙管、氣槍、火槍、水晶球、玻璃杯、鐵夾剪、自推車、讀書燈、望遠鏡、變形鏡、顯微鏡等，無不收羅，所購巧玩，不計其數。家書往還中，亦有語及，如曾言：『出洋無可樂，惟薪俸有餘，廣購新奇玩物，以博闔家一樂，是即余之所樂也。』

邵氏此次奉命使俄，爲參與俄國政府交涉《伊犁條約》改約事宜。《日記》對於兩國間先後數十次議約場面，竟無一字提及，蓋事涉機密，略而不載，合於外交慣例。然細觀《日記》，仍有數處記録，可以窺見此行之艱辛，如光緒六年三月十九日日記『自宮保被重譴後，其外部各官素相往還者，咸絶足不至』。光緒六年九月二十日所記『布策來，神詞惝恍，厲氣大減，自會晤數十次，未有如此次之謙藹也』。此外，《日記》中每逢雙方會議，必記俄方出席人員名單、備録《問答節略》，所記可與《使俄文稿》《家書》等記載互爲印證。諭旨稱『該大臣扼要力争，顧全大體，深爲不負委任』（見光緒六年十二月十八日日記），實爲對友濂完成此次使命之中肯評價。就此段歷史而言，此《日記》之價值無可替代。（方俞明）

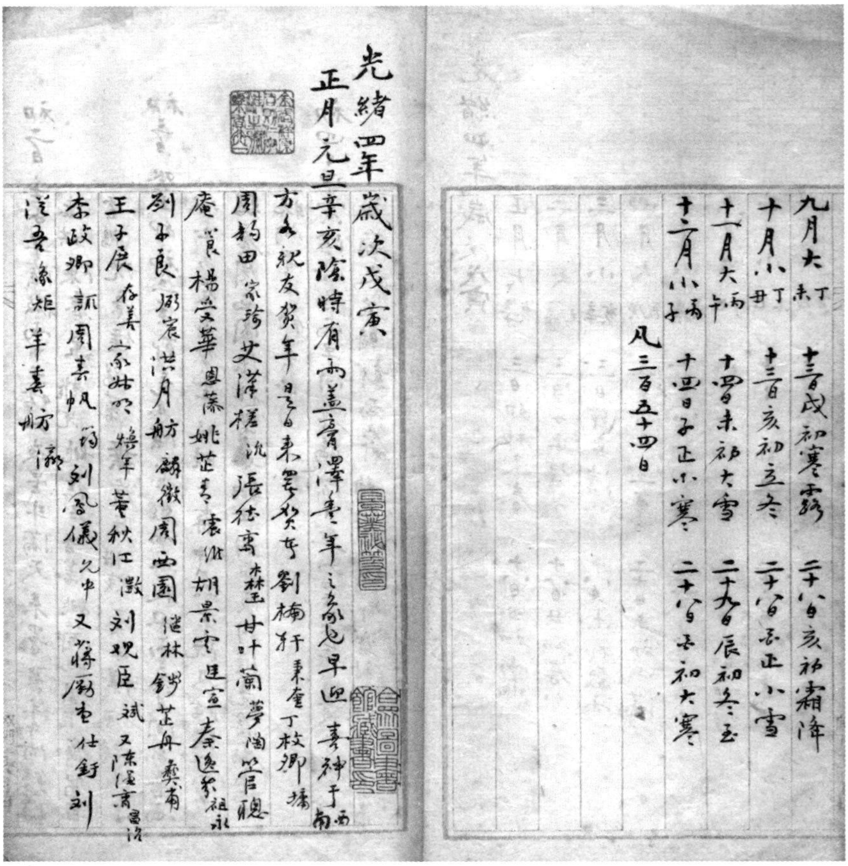

清・金武祥《粟香室日記》

粟香室日記

《粟香室日記》不分卷，清金武祥撰。稿本。

金武祥（一八四一—一九二四），原名則仁，字溎生，號粟香，别署水月主人、芙蓉江上草堂等，江蘇江陰（今無錫）人。與繆荃孫爲中表兄弟。早年游幕，清光緒五年（一八七九）捐貲廣東候補，八年（一八八二）入曾國荃幕府，十六年（一八九〇）授廣東赤溪直隸廳同知，二十二年（一八九六）丁憂歸，不復出。入民國後，僑居上海，以圖書著述自娱。著有《粟香室文稿》《粟香室隨筆》《陶廬雜憶》等。

日記稿本，凡四十二册，存清同治元年（一八六二）三月至八月初十日、同治三年（一八六四）八月十六日至民國八年（一九一九）十二月。首册封面題『日記簿』『壬戌』『溎生隨筆』。書前護葉末筆記『小本日記簿共十二册，自壬戌起，至丁丑止，以後戊寅起均用紅格大本』。用寶文閣半葉八行稿紙，光緒四年（一八七八）起用朱絲欄稿紙，半葉九行。書中鈐有『金武祥原名則仁字淮生號粟香行一』『粟香詞翰』『木蘭書屋』『江陰金武祥印』『陶廬』『粟香一字菽香』『水月主人』『家在吴季子鄉楚春申邑』『看盡東南海上山』等印，以及『景葵秘笈印』朱文長印、『武林葉氏藏書印』朱文長印，爲葉景葵捐存上海私立合衆圖書館。

同治年間，金氏主要在江西活動，至同治末年返鄉，應金陵試。光緒元年（一八七五）九月末，爲接眷再到南昌，此後輾轉江蘇、廣東、上海各處。因其科考不利，未能以正途出仕，早年不得不靠游幕謀生。光緒八年（一八八二）日記後附其履歷，可見其前半生宦途之大概。辛亥革命後，僑居上海，往來蘇滬間，日記對其行迹、家事記録最爲詳明。同治元年一册，係江西就婚日記，自江陰一路西行，五月經安徽，六月初九抵江西南昌，二十八日納採於黄氏，七月隨岳丈赴會昌，八月初十日抵達，金氏正式入贅黄家。此册卷端題『同治元年歲次壬戌，年二十二歲』，下有小字補注『記至八月止，癸亥缺一年，甲子年起至今則無間斷矣』，當是晚年所追記。同治元年，太平天國運動尚未結束，金氏年方二十二歲，因其父赴湖北之便，同船往江西，行至鎮江，言及『長江自金陵陷後，舟楫不通，欲赴江皖川楚者，須搭火輪船，然船價極昂貴。此次所搭襄扁子船，其同幫四五號合雇洋人一名護送，每船俱張西洋旗號，金陵踞賊見之，無敢攔阻，故舟金每人亦十三兩』，後經鎮江、儀徵，見戰亂中蕭條景象，在通江關，船因偷運鹽過關被守關之李世忠部放炮攔截，皆是目擊之實録。同治三年（一八六四）自江西回鄉，安葬祖父母及母親，同年十一月仍回江西。彼時戰事甫定，從九江乘輪船下鎮江，不過兩三日便可抵達，殊爲便捷。劫後與親友相見，金氏感慨良多，戰後常州府城、江陰各村慘遭戰鬥雙方蹂躪，十分荒凉。光緒元年十月，重游新修復的滕王閣，亦多感慨。類似之事，日記多有記述。在張之洞任兩廣總督期間，金武祥奉命入署辦事，爲研究張之洞在粵之活動提供綫索。日記中涉及金氏交往名人如盛宣懷、陳寶箴、陳三立、吴郁生、繆荃孫、趙學南、徐乃昌、吴蔭培、曹元忠、沈曾植、朱祖謀、馮煦等，遍佈官、學兩界，對於研究民國初年遺老在上海的活動，亦具有一定價值。（李軍）

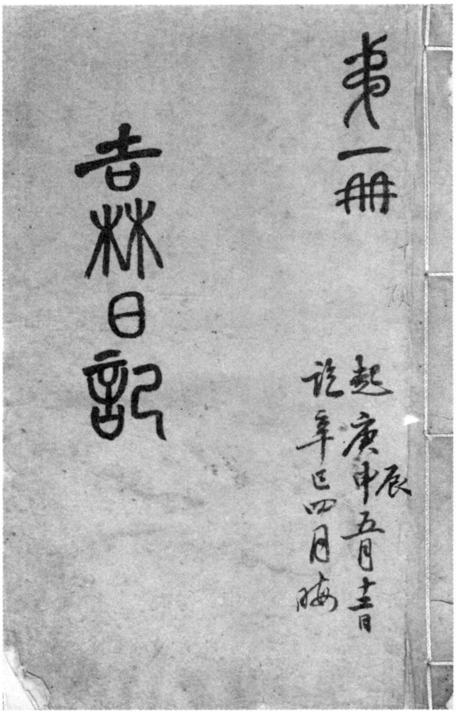

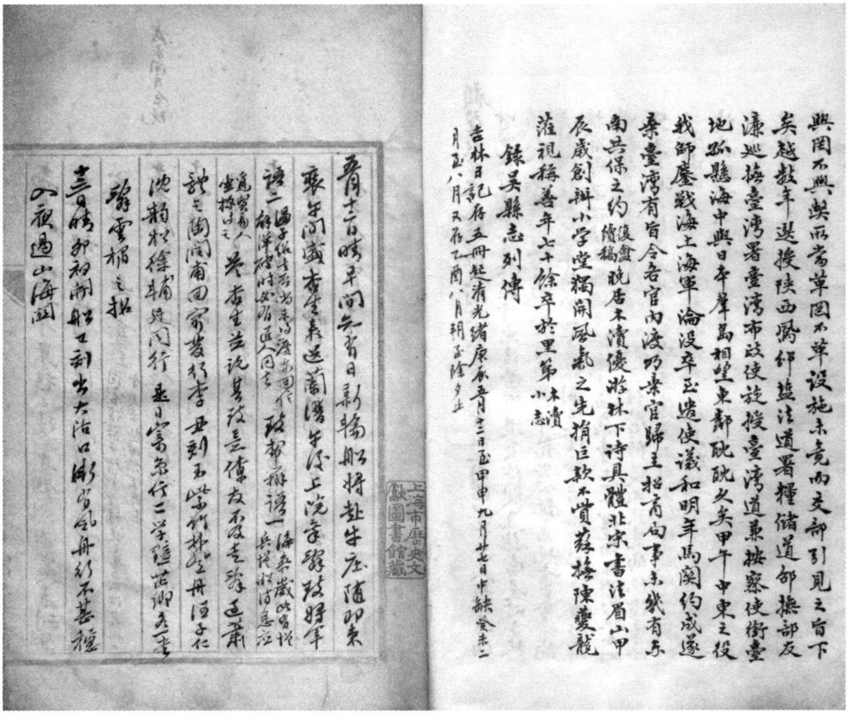

清・顧肇熙《吉林日記》

吉林日記

《吉林日記》，清顧肇熙撰。稿本。

顧肇熙（一八四一—一九一〇），字皡民，號緝庭，江蘇吴縣（今蘇州）人。清同治三年（一八六四）舉人，五年（一八六六）納貲爲工部主事，監修惠陵，以勞擢道員。清光緒六年（一八八〇），經李鴻章保奏，隨吴大澂赴吉林，協同吉林將軍銘安辦理防務。光緒八年（一八八二），設吉林分巡道，首任道員，兼理崇文書院。在任請修學宫，捐建義學，躬自勸學，督責不懈，門下成多禄、徐鼐霖皆爲傑特之士。光緒十一年（一八八五）選授陝西鳳邠鹽法道，署糧儲道。十七年（一八九一）署臺灣布政使，二十年（一八九四）授臺灣道兼按察使銜。翌年，因中日甲午戰敗，棄官返里。二十三年（一八九七）後，主李鴻章輪船招商局會辦數年。晚居蘇州木瀆，光緒三十年（一九〇四）創辦木瀆小學堂，開風氣之先。年七十餘，卒於里第。

顧氏《吉林日記》，今存五册，分爲三段：一、起光緒六年五月十二日至九年（一八八三）正月三十日；二、起光緒九年九月初一日至十年（一八八四）九月二十七日；三、起光緒十一年八月至除夕止。光緒六年至七年（一八八〇—一八八一），顧氏隨吴大澂赴吉林，所記沿途各站里程及風土民情，又於銘安將軍幕中各類書札事務、輿地勘察、邊界防務、獄犯審訊、往來送迎等，真實反映清末文人入幕後生存狀態。

光緒八年三月二十九日記末附函稿一件，涉及地畝通户、勘丈荒田、人員工費等，於吉林建省之初基層土地分配情狀敘述詳盡，爲不可多得之史料。

光緒八年六月初七日記末，附鈔五月二十三日邸報，録上諭『著顧肇熙補授吉林分巡道員缺』，初十日部文到，十三日至直隸會館接欽使啓穎芝司農，十四日將軍行知委牌，二十一日至龍節虎符館待明日，即此受事也，二十二日申刻接關防任事，二十三日早起詣火神廟隨行禮，二十四日早起詣文廟、文昌、關帝、江神、龍王、觀音堂六處行香，參日記録受職程序，反映清代官員履任之實況。

光緒九年九月初一日記『至書院，與諸生講貫。獎沙生韞琛《古今詩選》一部，峻昌張光鼐《近思録》一部，趙韞璞《小學》一部』。初八日記『書院月課，點名後回。生題「孟子曰尚志」，童題「庶民興」，賦得「還來就菊花」得「來」字』。十月初二日日記言『詣書院，與諸生講授』等，可知顧氏首任吉林分巡道期間，兼理學務，督學殷切。光緒八年四月初五日記『爲窓齋書楹帖：都督自封管鑰，丞相親校簿書』，五月十六日記末附《和窓齋寧古塔至綏芬河道中四詩》等，又十一月二十九日記『有争氣勿與辯也』一段議論，皆可窺其酬唱交游、實學自修功夫。（陳誼）

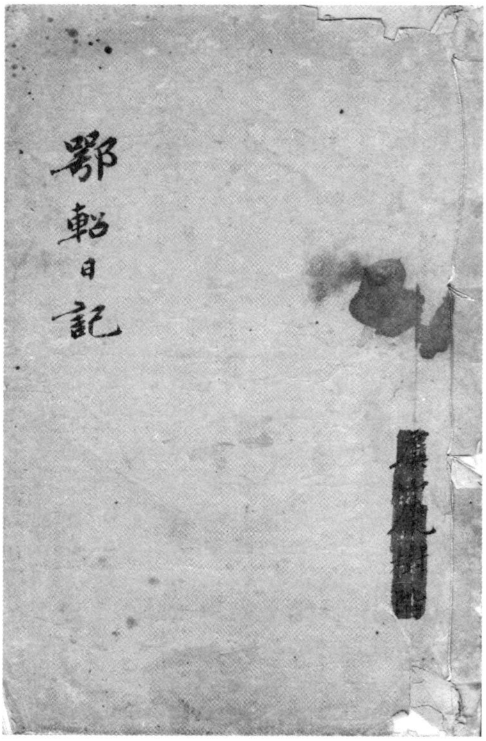

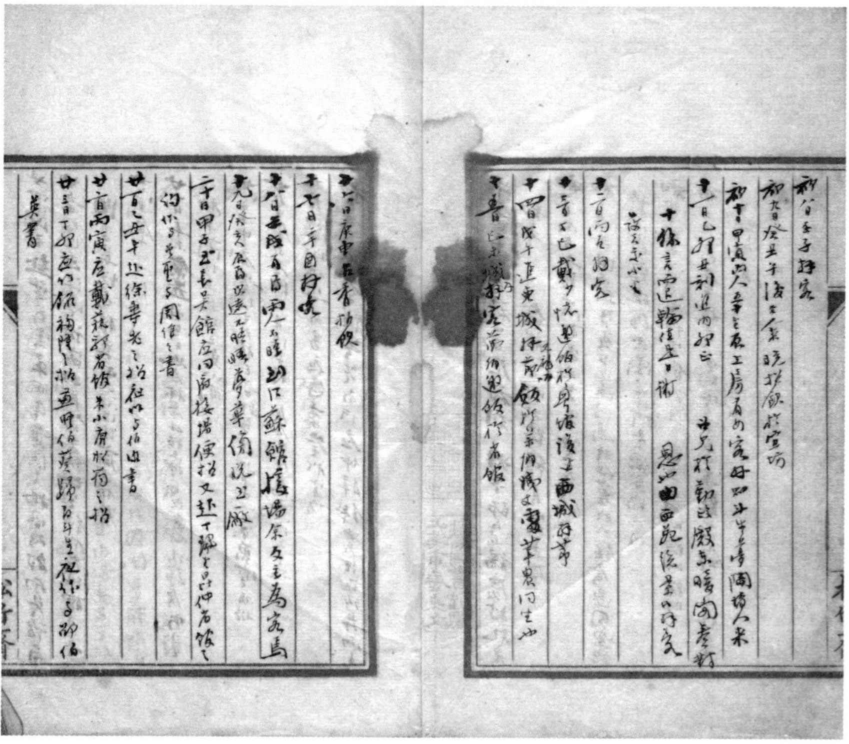

清·龐鴻文《龐鴻文日記》

龐鴻文日記

《龐鴻文日記》三種，分别爲《伯絅己卯北行日記》不分卷、《桂軺日記》不分卷、《鄂軺日記》不分卷，清龐鴻文撰。稿本。

龐鴻文（一八四五—一九〇九），字伯絅，號絅堂，又號闇谷，江蘇常熟人。其父龐鍾璐，撰有《知非録》，鴻文與弟鴻書，曾合作補編家族著作。其孫薰琹，則以畫學名譽海内。清光緒二年（一八七六）進士，改庶吉士，授翰林院編修。遷國子司業，旋擢太常寺少卿、通政司副使、湖北學政。龐氏爲學，精研經史，又擅實務，凡兵刑、鹽政、漕運、河渠，靡不推究利害，以適行益民爲宗旨。清末世變甚亟，才無所用，家居十年，興辦學堂，創立實業，屢爲俗子所抑。著述豐富，嘗纂《常昭合志稿》五十卷，爲世所稱，其中《海虞物産志》一卷，於本地民俗物産，記述詳悉，後析出别行。

《伯絅己卯北行日記》述光緒五年（一八七九）八月初九日，龐氏自家起程赴京，至九月十五日抵達京郊，前後經行，一月有餘，雖寥寥數葉，詳記每日路途所經、停泊各站點、抵達各處時辰等。《桂軺日記》爲光緒八年（一八八二）龐鴻文赴廣西典學所記，多述行至途次，旅程見聞。《鄂軺日記》則爲其赴湖北學政任之行程旅況，多記沿途山川風情。

以上日記三種，係瞿鳳起先生任職上海圖書館時，徵集鄉人著述，得自龐氏後人。《北行日記》末有龐士龍跋云：『此族伯絅堂《北行日記》，自八月初九日起程，九月十五日抵京，雖寥寥數葉，已得見當時交通不便，旅途多艱，方之現在交通便利，非可同日語矣。自經國變，舊家珍藏，十九流散。鳳起表叔囑代搜集邑人著述，前得族伯《桂軺日記》《鄂軺日記》各一卷，茲復獲此，即以寄呈，欣得皮藏之所云。』（陳誼）

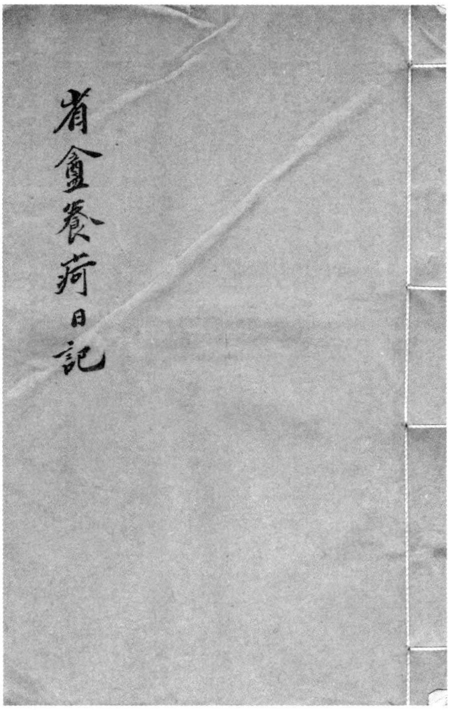

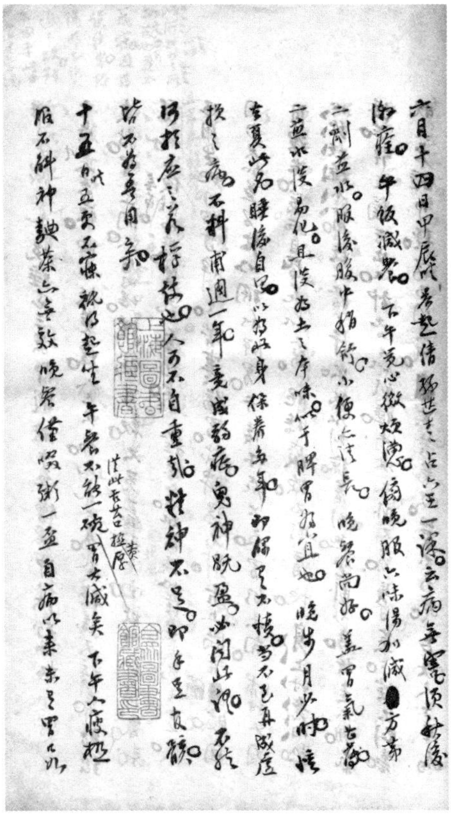

清・陶濬宣《陶濬宣日記》

陶濬宣日記

《陶濬宣日記》含《稷山讀書樓日記》二册（卷三、卷四），《稷山日記》一册，《省盦養疴日記》一册，清陶濬宣撰。稿本。

陶濬宣（一八四六—一九一二），原名祖望，字文冲，號心雲，别號稷山、稷山民、稷山樓主等，晚號東湖居士，室名稷山讀書樓、修初堂、省盦等，浙江會稽（今紹興）人。會稽陶家堰陶氏，元季由江西遷越，自遷會稽一世祖宗楊公定宅於陶家堰後，子孫繼之。明代以降，陶克齋（懌）、陶莊敏（諧）、陶文僖（大臨）、陶恭惠（承學）、陶文簡（望齡），皆以清節著望於時，數百年間，甲科巍仕，仍世相望，代不乏人，蔚爲越中第一望族。濬宣曾以本族舊譜，參校江西昌邑諸譜及史傳，考定自己爲晉陶靖節第四十五世孫。曾祖兆麟，順天大城典史，以抗權貴罷官。祖際唐，以諸生主講太原書院，負奇偉之氣，浪迹梁、趙、襄、鄖間數十年，寄情於詩，抑鬱以卒。父慶怡，以國史館謄録敘選鹽課大使，分省廣東，夙懷大志，喜讀史書，居官侃侃不阿，爲文操翰立就，以積勞觸暑病，卒於官。父殁之時，濬宣年始七齡，又二年而遭母喪，自此賴叔父嬸母養育。所幸陶氏群從兄弟怡怡，同聲同氣，少壯所寄皆在篇章，相悦以文字，相期以道義，商量邃密，壎篪迭和，各爲雋才。濬宣詩心篤雅，學行閎碩。清同治六年（一八六七）中浙江鄉試副貢。清光緒二年（一八七六）成浙江鄉試舉人。三年（一八七七）至京應官學教習試，取爲覺羅學漢教習，議敘以知縣用。六年（一八八〇）應定海廳同知顔鍾儁之邀，游幕浙東海島。十二年（一八八六）赴京會試，挑取方略館謄録，議敘以直隸州知州用。十三年（一八八七），侍座師江蘇學政王先謙襄理文牘。十四年（一八八八），應座師兩廣總督張之洞之招南游於粤，任廣雅書局校勘。十七年（一八九一），應廣東惠潮嘉道曾紀渠之聘，主潮州金山書院講席。十八年（一八九二），金山書院擴爲潮州通藝堂，濬宣復主講席。二十一年（一八九五），因曾氏離任，遂辭講席，次年返鄉。里居期間，仿桃源意境，籌資於郡城東門外箬簣山之水石宕，營建東湖園林。又援潮州通藝堂例，興辦東湖書院通藝堂（光緒二十七年改名東湖通藝學堂），推廣新式教育，以開啓民智，造福鄉梓。

濬宣善書，筆力峻厚，常熟翁同龢稱其『善六朝書』。長沙王先謙贊其『子才誠未易，詩格一何高』（見王先謙《虚受堂詩存》庚辰卷《送陶心雲濬宣落第南歸即題其詩集》）。濬宣一生雖抑塞多病，然稽古力學，著述宏富。已刊刻者，有《通藝堂詩録》六卷附《紹興東湖書院通藝堂記》，光緒二十六年（一九〇〇）刻本；《春闈雜詠》一卷，光緒十八年（一八九二）排印本。另有稿鈔本多種，多未刊刻，散藏各圖書館，所知有：《稷山文存》二卷，稿本，二册；《稷山詩存》一卷，稿本，一册；《修初堂詩草》存卷下，稿本，一册；《稷山雜文》一卷，稿本，一册；《稷山札記》一卷，稿本，一册；《稷山居士客定海廳幕箋啓》一卷，稿本，一册；《稷山所見金石目》不分卷，稿本，一册；《金石隨筆》一卷，稿本，一册；《稷山讀書樓日記》存二卷，稿本，二册；《稷山日記》不分卷，稿本，一册；《省盦養疴日記》不分卷，稿本，一册（以上皆藏上海圖書館）。《稷山論書詩》不分卷，稿本，一册；《稷山論書詩》不分卷，稿本，二册（以上藏國家圖書館）。《國朝紹興詩録》四卷，稿本，四册；《稷山樓詩文稿》不分卷，稿本，一册（以上藏浙江圖書館）。《入剡記初稿》三卷（《入剡日記》《剡中草》《入剡小記》各一卷），稿本，一册，藏中國社會科學院文學研究所。

《稷山讀書樓日記》存卷三、卷四，稿本，二册，原書無行格。封面分别有濬宣仿冬心體手書題簽『稷山讀書樓日記卷三』『稷山讀書樓日記卷四』。首册卷端書名後，署『癸酉下』『會稽陶濬宣文冲』，記事自六月初一始。癸酉爲同治十二年（一八七三），以此知卷三日記起於同治十二年六月初一，册末訖於同治十二年十一月十二日。卷四日記起於同治十三年元旦，訖於同治十三年十二月□日，此册并非逐日有記，如同治十二年十一月十三日至十二月三十日，空缺將近兩月。日記首册卷端鈐有『陶八』朱文橢圓印、『稷山小隱』朱文橢圓印、『文冲著作』朱文長方印、『合衆圖書館藏書印』朱文長方印、『上海圖書館藏書』朱文長方印。濬宣於族中排行第八，故以『陶八』自號。濬宣同儕書牘中，曾見『陶八孝廉』之稱，得此印適可印證。稷山在紹興陶家堰東數里，相傳爲越王勾踐齋戒壇，其峰秀潤突兀，爲陶氏宗祠左翼屏扆，亦陶氏先塋墓區所在，濬宣字號中用『稷山』者皆源此。三卷卷端『稷山讀書樓日記』下，復補題『巢君屋記上』五字。讀日記内容，知濬宣同治十一年（一八七二）冬續弦，娶上虞金山場鹽大使李達翁之女李畹青爲妻，就婚於金山場鹽大使官署，至同治十二年六月，於官署近處别築新室爲愛巢，書倉鱗列，小欄花韻，有因有緣，喜樂可知。《古詩十九首·東城高且長》有句『思爲雙飛燕，銜泥巢君屋』，故濬宣將《日記》補題爲『巢君屋記』，喻燕爾新婚也。

《稷山日記》，稿本，一册，用『稷山讀書樓』專用仿薛濤箋，半葉九行。是册卷端題名曰『稷山日記』，并鈐『文冲私印』白文方印、『合衆圖書館藏書印』朱文長方印、『上海圖書館藏書』朱文長方印。日記起光緒元年（一八七五）正月初一日，訖於同年七月十五日。所記皆居越事，略有空缺，如二月初七日至二十九日因外出間斷，係應嵊縣知縣陳友詩之邀，赴嵊之剡山書院襄校縣試卷子，此段經歷，適爲《入剡日記》内容。《入剡日記》稿本現藏中國社會科學院文學研究所。兩者合璧，即爲濬宣此階段日記全本。

《省盦養疴日記》，稿本，一册，半葉十行，每行字數不等。封面有濬宣手書『省盦養疴日記』『光緒庚辰十月題稟時客翁山』，并鈐有『稷山樓主』朱文方印。卷端鈐『合衆圖書館藏書印』朱文長方印、『上海圖書館藏書』朱文長方印。庚辰爲光緒六年，翁山爲浙江定海舊稱。該年十月，濬宣應新任定海廳同知顔鍾儁之邀，前往海島佐幕，襄理廳事。上海圖書館另藏《稷山居士客定海廳幕箋啓》稿本，一册，首有跋曰：『時權廳事者爲顔穀生太守鍾儁，廣東連平人，與予有連，勉邀入幕。海外依人，非予願也。光緒庚辰十月，心雲并識』，所敘甚明。此册記事自六月十四日起，訖於同年十一月初五。後人因濬宣封面題款，誤認此爲光緒六年日記，實則所記皆光緒七年事，試舉其内容爲證：

其一，日記起首第三日，即六月十六日條，濬宣自述病軀虚羸，日甚一日，繼曰『明日亟欲歸家，又以顔穀生太守在岱山未回，祇得强忍再待一日』。按：岱山爲定海屬島，顔鍾儁任定海廳同知，係光緒六年九月一日到任（見《稷山居士客定海廳幕箋啓》中『九月二十九日上撫憲書曰：卑職自叩辭後，迅即起程馳赴，於九月初一日接篆視事……伏查定海地勢，海外孤懸，四面距水，爲浙東海疆第一要口』），至光緒七年九月二十六日離任（見《省盦養疴日記》十月初七日云：『薌泉自定海歸，過余談甚暢。知顔穀生太守已于前月二十六日卸篆。去官之日，士民傾城祖送，攀留不能去。太守在任甫一年，其得民心猶淺，得士心更深……』）任期僅一載，故日記中之六月十六日，應即光緒七年。其二，十月初二日條『得謂士書，知楊詠春太守前月作古，海内又失一大書家，可惜』。按：詠春爲近代書法家常熟楊沂孫字，查楊氏卒年在光緒七年。由此可知，此册日記之起訖，爲光緒七年六月十四日至十一月初五日。再觀封面題字，濬宣所書『省盦養疴日記』六字係題於箋條，與徑題於封葉之『光緒庚辰十月題麋時客翁山』十二字非同時筆。加以此册卷端既無題名，又無濬宣鈐印，似屬事後改裝成册者，有如前言之《入剡日記》。此册題名『省盦』，爲濬宣曾用齋號。上海圖書館藏稿本《稷山讀書札記》首葉，粘貼有『稷山梅信』專用信箋一紙，上有濬宣手書『省盦』二篆字，下銘小跋曰：『多一事不如省一事，多一言不如省一言，多一念不如省一念。省事以清心，省言以養氣，省念以定神。推之，多識一人不如少識一人，多見一物不如少見一物，多聞一語不如少聞一語。務令此心瑩然、湛然、純然、泊然，無所紛擾，無所繫戀，庶幾心得其養矣。孟子曰：養心莫善於寡欲。省即寡之義也。』『省盦』二字右側有補款曰『辛巳六月十八日心雲跋，時客定海』。其時爲光緒七年六月十八日，時濬宣正爲病所困，亟欲辭幕歸養。『省盦』一名，又見於此《日記》中七月二十一日條，時濬宣積病成疾，又爲藥所誤，悟而痛留警言，曰：『泊於今日，悔之已晚，尚願從此以往，痛自猛警，遇事戒勞，尤不可强。無論勞心勞神、勞形勞氣之事，可省則省。省用一分，便有一分受用，庶幾可挽回於萬一也，因自顔其居曰「省盦」。』後復補鈔所銘小跋，此處跋文幾經塗乙，略異於前。濬宣養疴心迹，窺『省盦』之跋可以概見。（方俞明）

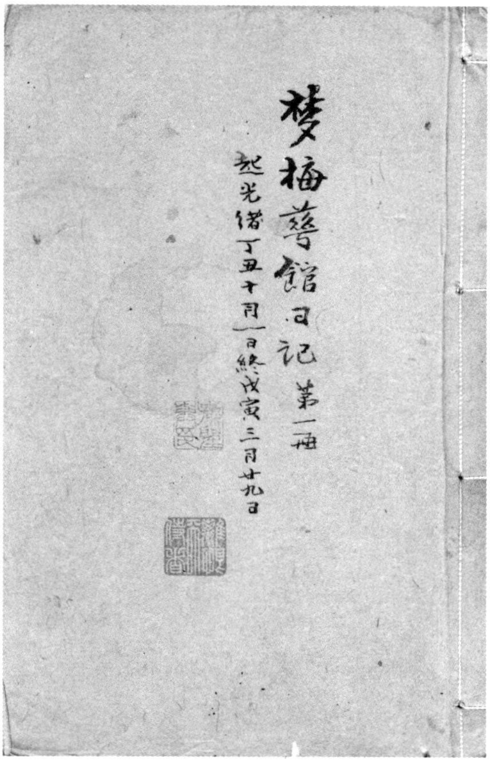

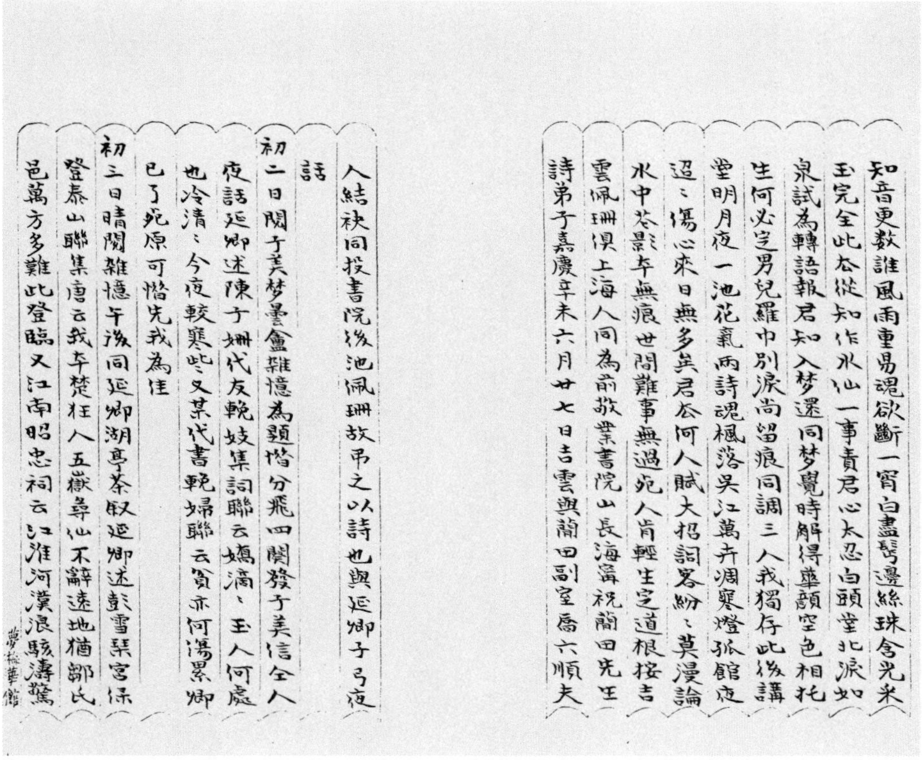
知音更数誰風雨重易魂欲斷一宵白晝鬢邊絲珠含光采
玉完全此番從知作水仙一事責君心太忍白頭堂北淚如
泉試為轉語報君知入梦還同梦覺時解得華顏空色相托
生何必定男兒羅巾別淚尚留痕同調三人我獨存此後講
堂明月夜一池花氣兩詩魂楓落吳江萬卉凋寒燈孤館夜
迢迢傷心來日無多矣君亦何人賦大招詞冤紛紛莫漫論
水中花影本無痕世間難事無過死人肯輕生定道根按吉
雲佩珊俱上海人同為前敬業書院山長海寧祝蘭田先生
詩弟子嘉慶辛未六月廿七日吉雲與蘭田副室裔六順夫

人結秋同投書院後池佩珊故弔之以詩也與延卿子弓夜
話
初二日閱于美梦墨盦雜憶為題憎分飛四闋發于美信仝人
夜話延卿述陳子姍代友輓妓集詞聯云嬌滴滴玉人何處
也冷清清今夜較寒些又某代書輓婦聯云貧亦何傷累卿
已了死原可惜先我為佳
初三日晴閱雜憶午後同延卿湖亭茶叙延卿述彭雪琴宮保
登泰山聯集唐云我本楚狂人五嶽尋仙不辭遠地猶鄒氏
邑萬方多難此登臨又江南昭忠祠云江淮河漢浪駭濤驚
夢梅華館

清・孫點《夢梅華館日記》

夢梅華館日記

《夢梅華館日記》三十一卷，清孫點撰。稿本。

孫點（一八五五—一八九一），字頑石，一字聖與，號君異、三夢詞人，安徽來安（今滁州）人。畢業於上海龍門書院，曾任山東學政幕僚。因科舉不利，以王韜介紹東游日本。清光緒十四年（一八八八），作爲駐日公使黎庶昌隨員又一次赴日。光緒十七年（一八九一）五月十二日，從日本横濱乘船回國途中，投海自盡。著有《嚶鳴館百疊集》《夢梅華館集十三種》等。

全稿凡二十五册，用『夢梅華館』朱竹節格稿紙，每半葉九行，行字二十四字。光緒三年（一八七七）十月一日至十六年（一八九〇）八月十日。首册書衣題『夢梅華館日記。第一册』，『起光緒丁丑十月一日，終戊寅三月廿九日』，鈐『孫聖與印』朱文方印、『離恨天侍者』白文方印。從第三册起，每册書衣除題書名、卷數、起訖時間外，多鈐孫氏用印兩方，每年不同，計有『皖滁孫點』白文方印、『頑石』

朱文方印、『聖與』朱文方印、『來安孫點』白文方印、『紫若』朱文橢圓印、『聖與』白文方印、『孫點聖與』朱文方印、『三夢詞人』白文方印等，不贅録。

日記始於孫氏二十三歲，終於三十六歲。早年寄居上海，常與友人在豫園湖亭中喝茶，與女校書往來。年少風流而頗具才情，讀書時爲齊學裘（玉溪）、劉熙載（融師）等人所賞識。光緒初年數次回鄉參加科舉考試，并下鄉祭掃先人墳墓，謁見長輩。回上海後，仍入書院讀書，文名漸盛，曾有南通范肯堂（鑄）投書索交。光緒五年（一八七九）二月入閩，入吴贊誠船政署幕，三月上旬回滬，四月初九日乘輪北上京師，入嵩申幕，六月丁内艱南歸，辦理喪事。光緒六年（一八八〇）初，赴湖北荆州，入倪文蔚幕府，八月回滬，十月仍北上京師。七年（一八八一）二月南歸，三月經香港抵廣州，五月中旬入都，十一月往濟南，入山東學政張百熙幕府。此後往返於京、粵等地。從日記所述，可知孫氏富有文學家之氣質，感情細膩而敏感，喜好記録詩文警句，游記有晚明人風致，也常將聽説之奇聞逸事録入日記，如知縣袁愛存决獄、六合奇案、吴門名妓張少卿逸事、青浦楊某、媚香樓主、華亭頭陀、邱軍門、袁記室、晉豫奇荒、李相軼事等，近於小説家言。

此外，日記也詳細記録了晚清時期上海百姓生活，如照相樓買照片、與畫家虚谷交往，又如光緒四年（一八七八）四月初九日『天大雷，雨以風，兼雨雹，雹大如巨碗，人畜被害者無算。怒雷疾發，鎮死者衆』。赴日本以後，則記與日本人、朝鮮人的往來唱和及日本明治維新以後的新景象，則頗有助於中日文化交流之研究。（李軍）

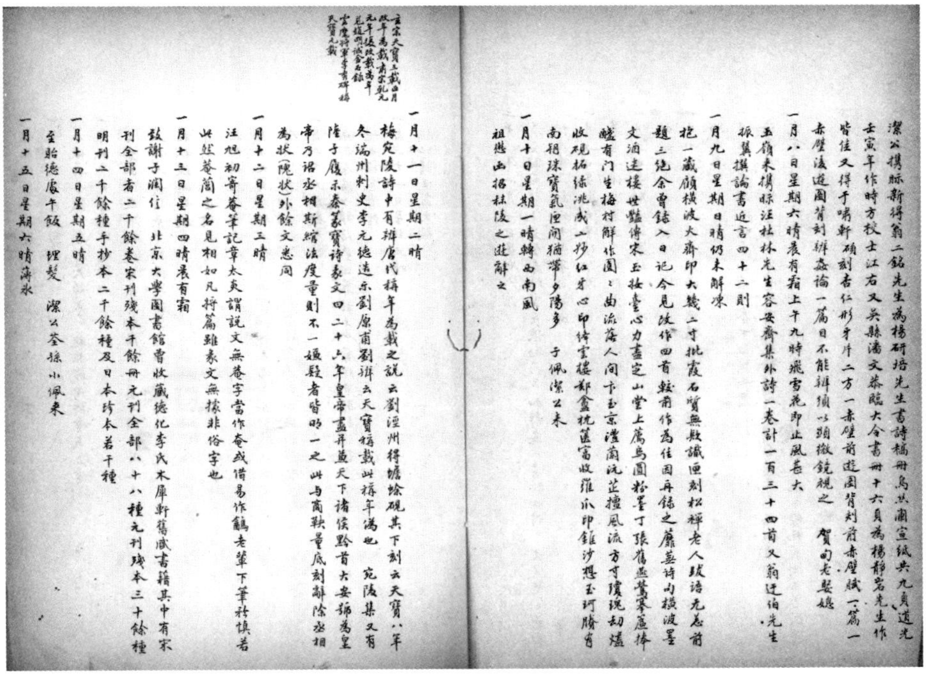

俞鴻籌《俞鴻籌日記》

俞鴻籌日記

《俞鴻籌日記》不分卷，俞鴻籌撰。稿本。

俞鴻籌（一九〇八—一九七二），字運之，號嘯琴，江蘇常熟（今蘇州）人。俞鍾穎子。早年爲虞社詩文骨幹，先後就讀上海震旦大學、上海法政學院。抗日戰争中，在上海從事抗日救亡活動，曾在杭州被日軍逮捕，後僥幸得脱。抗戰勝利後，定居上海，絶意從政，以讀書著述自娱。著有《唐律義疏詮釋》《捨庵詩詞殘稿》等。

全稿七册，毛裝。三十八年（一九四九）一月一日記『訂三十七年日記成』，蓋日記皆俞氏手裝也。現存民國三十八年元旦至一九五五年十二月三十日，每册一年，三十七年（一九四八）之前日記已散佚，未見。全書寫於無格朱紙上，半葉十六行，行三十二至三十四字不等。此種上海圖書館編目原分作兩號，後始合并。第一册書衣題『讀書日記』四字，下有鉛筆注『龐鴻書』三字；第二册書衣同樣墨筆題『讀書日記』，而右下脚鉛筆記『龐鴻書日記』五字，以生卒年衡之，此必非龐氏所作。其餘五册書衣無題字。第一册卷首記『三十八年一月一日』，第二册卷首原記『三十九年一月一日』，又將『三十九』劃去，旁注『庚寅』，第三册卷首記『辛卯』，其餘四册均未記年份、干支，後有人添補，字迹類顧廷龍先生手筆。

此稿既名爲讀書日記，故以摘録讀書心得爲主，所讀之書，縱貫古今，以史、子、集三部爲多，所録學林掌故，頗有可觀。其爲搜集父親俞鍾穎史料，專門借閲翁同龢、張佩綸、李慈銘等人日記，詳加札記。民國三十八年三月十日，他將曾祖父母、父親之生卒年月日詳加開列，次日又因祖父母墓誌拓本亂且所存無幾，又將全文鈔入日記，對於瞭解俞氏的家世頗有助益。在日常生活方面，俞氏虔信佛教，與佛教界人士接觸頻繁。人際交往方面，與常熟籍文人、收藏家如楊無恙、沈抱一、瞿鳳起、薛佩蒼、錢仲聯等交往密切。記録了鄉人蔣韶九於三月三十日因憤世自投九萬圩，遇救不知，這與浦薛鳳回憶《寄父蔣韶九（鳳梧）先生》所記相合。親友中人也時常携書畫、古迹之類讓俞氏看，俞氏皆一一詳加記録，從日記記録看涉及翁二銘書詩稿册、潘世恩臨大令書册、顧横波火齊印、補正《藏書家考略》、清汪徐何王四家書卷、王麓台山水，其題跋之物，如同治時賢致龐文恪（寶生）手札、陸廉夫臨沈石田棧道圖卷、張雨生爲趙次侯仿古山水册等皆鈔録全文。

民國三十八年五月上海解放時，俞氏正寓居滬上，對此日記也有所記録，如五月十三日記『終夜聞砲聲』，五月十六日記『下午四時，有炸彈墜於唐山路』，五月二十四日記『徹夜礮聲，不能安寢』，次日『蘇州河往來不通』，五月二十七日記『蘇州河通行』，殆是日上海已正式解放，此前或因戒嚴而切斷交通。由於受到時局影響，書畫作品價格暴跌，八月二十五日記陸抑非言『近來四王畫件價值較往年祇及一成，每件約金一兩，廉夫、若波等價亦與四王相等，前此未有也』，九月二十七日則提到北平海王村舊書肆因營業蕭條，將古籍論斤出售，作爲包物之用。此外，如評論近人所印字帖中，以沈尹默行書爲佳；當時尚是青年的篆刻名家吴樸堂爲俞氏刻『運之手識』朱文方印，日記中鈐有印花，雖是吉光片羽，亦彌足珍貴。（李軍）

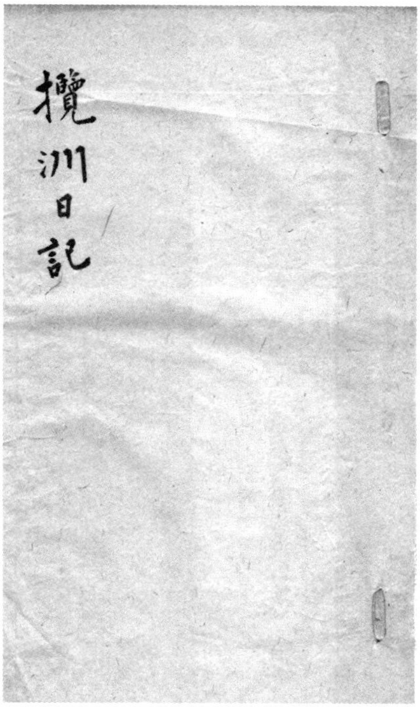
攬洲日記

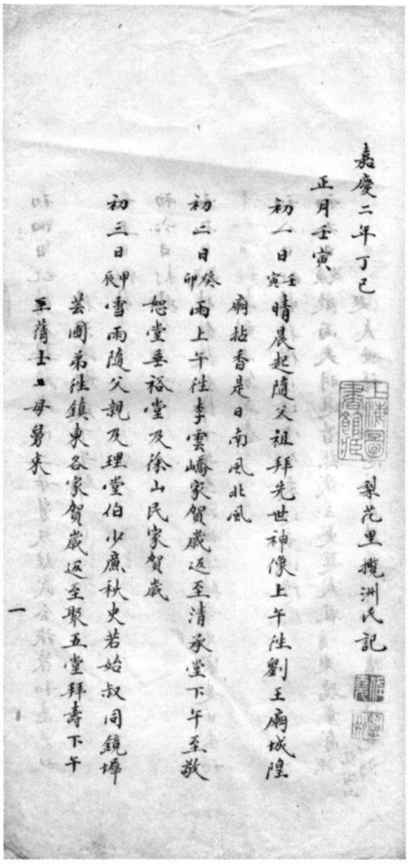
嘉慶二年丁巳　　梨花里攬洲氏記
正月壬寅
初一日壬寅晴晨起隨父祖拜先世神像上午往劉王廟城隍
廟拈香是日南風北風
初二日癸卯雨上午往李雲嶠家賀歲返至清承堂下午至敬
恕堂垂裕堂及滌山民家賀歲
初三日甲辰雪雨隨父親及理堂伯少廉秋史若始叔同鏡塘
芸圃弟往鎮東各家賀歲返至聚五堂拜壽下午
巫清士ㄨ母舅來
一

清・陳佐堯《攬洲日記》

攬洲日記

《攬洲日記》不分卷，清陳佐堯撰。稿本。

陳佐堯，字又吾，江蘇吴江（今蘇州）人。家居黎里，受業於袁枚友人八坼屠拱垣（荻莊）。

全稿一册，存清嘉慶二年（一七九七）元旦至八月初五日日記，因閏六月，故凡九月有餘。寫於無格竹紙上，半葉九行，行二十三字，小字雙行同。書前護葉有柳亞子題記云『《攬洲日記》一册，邑前輩陳又吾先生（佐堯）著。余得之禊湖市上。中華民國九年四月廿二日，吴江柳棄疾記』。卷首題『嘉慶二年丁巳』，下署『梨花里攬洲氏記』，并鈐『佐堯』白文方印、『攬州』朱文方印。

日記所記主要爲陳氏應試事，定名爲『攬洲應試日記』或更妥帖。據正月初二日記，陳佐堯曾往徐達源（一七六七—一八四六，號山民）家賀歲，時徐氏方當而立之年，以年紀推之，陳氏與之似相仿。日記中提及『芸圃弟』，或即才女李夢蘭之夫、作《花間尋夢圖》之陳蕊元，因記事甚爲簡略，無從質證也。茲從日記所載，陳氏正月赴縣署應試，時任縣令爲唐仲冕（陶山）。二月初四日，又與父、弟同到蘇州應府試，借宿西船場巷曹氏，十八日返吴江。三月二十三日『出新進正案，余列第八名，弟嶎列第二名，内弟王賓庭（世鈞）列十一名』。至五月十三日『王殿傳來報迎送日期』，自後親友紛紛來道賀，十五日『外舅遣使送賀禮來，孫廷謨來，顧培齡舅祖及榮貞來，程二表弟來，荻莊師來，二母舅來』，次日赴吴江，『是日送入學。屠荻莊師、顧培齡舅祖、蒨士母舅、蒯星如、馮靜濤、柳汀、顧榮貞、吴朗山、徐道傳、程二表弟、韞山叔祖、理堂伯、少廉、金旅、若始叔及叔父、寺山弟』都來相送，足見當時科舉考中在在家族、親友中備受重視，以至一旦得中，大家均紛紛來賀。至七、八月間，陳氏考試硃卷刻成印出，又與弟弟先後往北坼、杕杜村、盛澤、北王、黄溪、江家浜、蕭浜、池亭、大勝、泮水港、姚家埭、周莊、許莊、善灣、蘇家港、莘塔、蘆墟、申家厙、同里、吴江各處送試卷，至日記中斷，尚未完畢。此則清代中國傳統科舉考試在一家一族、一鄉一縣之影響，最真實之寫照。（李軍）

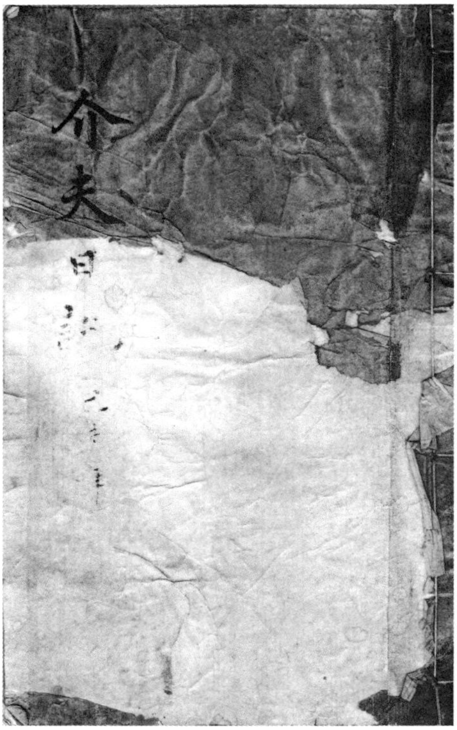

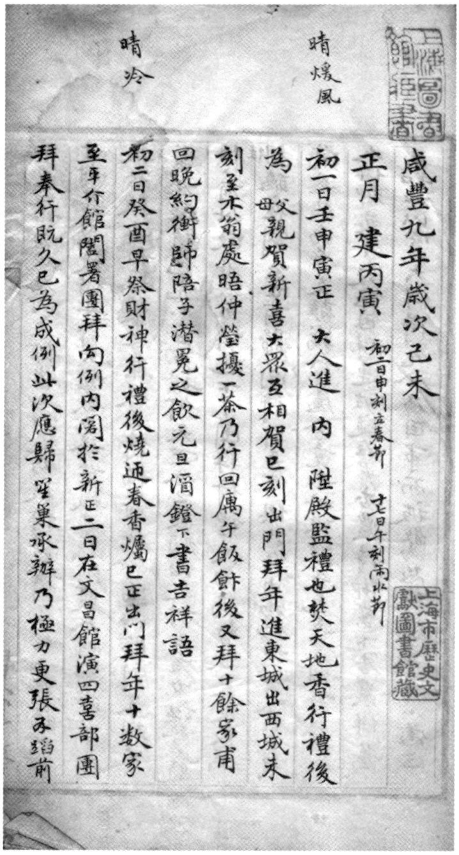

咸豐九年歲次己未

正月 建丙寅 初二日申刻立春節 十七日午刻雨水節

晴 煖風

初一日壬申寅正 大人進 内 陛殿監禮也焚天地香行禮後為 父母親賀新喜大衆互相賀巳刻出門拜年進東城出西城未刻至木翁處晤仲瑩攙一茶乃行回寓午飯飯後又拜十餘家甫回晚約衡師陪子潛覓之飲元旦酒鐙下書吉祥語

晴 冷

初二日癸酉早祭財神行禮後燒通春香燭巳正出門拜年十數家至午介館闈署團拜向例内閣於新正二日在文昌館演四喜部團拜奉行既久已為成例此次應歸望巢承辦乃極力更張不蹈前

清·何承禧《介夫日記》

介夫日記

《介夫日記》不分卷，清何承禧撰。稿本。

何承禧（一八三三—一八九一），字介夫，江蘇江寧（今南京）人，祖籍江西。何兆瀛之子、何蔭柟之父。舉人。清咸豐、同治年間，在京師任内閣中書、内閣典籍等職。著有《何介夫詩稿》，稿本藏上海圖書館。

全稿凡五十一册，用『松竹齋』紅格稿紙，半葉九行，行字不等。現存於咸豐九年至十一年（一八五九—一八六一），同治七年（一八六八）至清光緒十七年（一八九一）八月，前後凡二十六年，蓋同治元年至六年（一八六二—一八六七）全缺，據同治七年一册書衣記『同治六年由京來浙，未有日記』，則此前五年原有日記，今已散失。此前何氏一家寓京師米市胡同，因何兆瀛改任杭嘉湖道，故而舉家南下杭州。同治八年（一八六九）七月二十八日，何承禧奉父親之命，自杭州返回故鄉江寧，安葬祖父何汝霖。其次子何蔭柟，生長於京師、浙江。據同治十年（一八七一）六月二十七日記『柟兒二十生辰』逆推，何蔭柟生於咸豐二年（一八五二）六月二十二十日，則與其祖父何汝霖之去世在同一年。

何氏日記形制，承其父何兆瀛之後，亦每半年一册，天頭記天氣，行間小字批注寒暑表度數，每個月份下記本月農曆節氣。咸豐年間日記均記京師事，同治以後主要爲浙江日記。對於其父的行蹤記録頗多，部分可補何兆瀛光緒二年（一八七六）、七年（一八八一）日記之缺。光緒八年（一八八二）上半年，父親何汝霖、妻子汪氏先後患病，多記延醫診治事，至六月初二日汪氏去世，其子何蔭柟《鉏月館日記》缺記百日，何承禧記料理後事甚爲詳細。另外，《鉏月館日記》光緒十六年（一八九〇）缺七月至十二月共半年，據何承禧所記，何蔭柟時正患病，則所缺日記很可能是因病廢弛之故。何氏在杭州生活多年，日記除家事、人情外，對杭城風物的記録亦有可觀，如彭玉麟修忠義祠，勻碧齋買箋紙，蘇杭爲藏書家聚集之地，書市熱鬧，而據光緒八年十月二十七日記『下午到街上閑步，過珠寶巷各書肆，隨意流覽，苦無舊書。而日本藏書甚夥，彼處向稱好學，其刊本近乃流入中國。此中文字因緣，殆有前定歟，徘徊至傍晚始回』，可見當時日本所藏漢籍，因明治維新等原因，不被人重視，出現回流現象，此即一證。

日記從同治八年開始，書衣、卷端等處，每册依固定格式開始鈐有『介夫』朱文長印、『介夫氏』朱文方印、『癸巳生』朱文方印、『以漁洋山人生日生』朱文方印、『平爲福』朱文圓印、『同心之言』白文長方印等印記。（李軍）

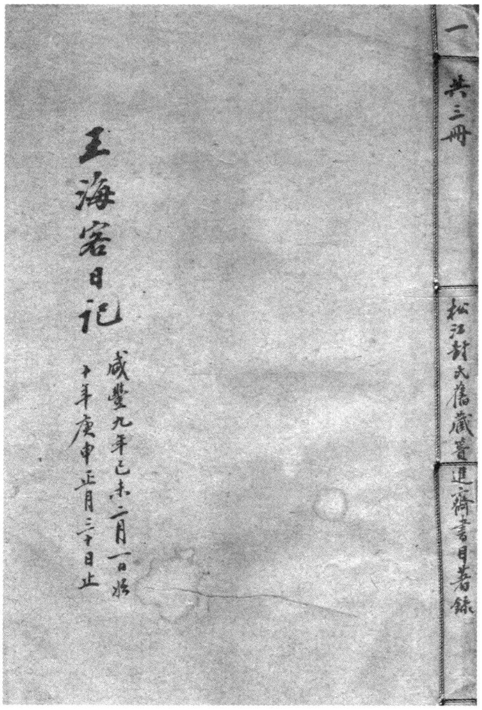
一
共三冊
松江封氏篋藏簣進齋書目著錄
王海客日記
咸豐九年己未二月一日始
十年庚申正月三十日止

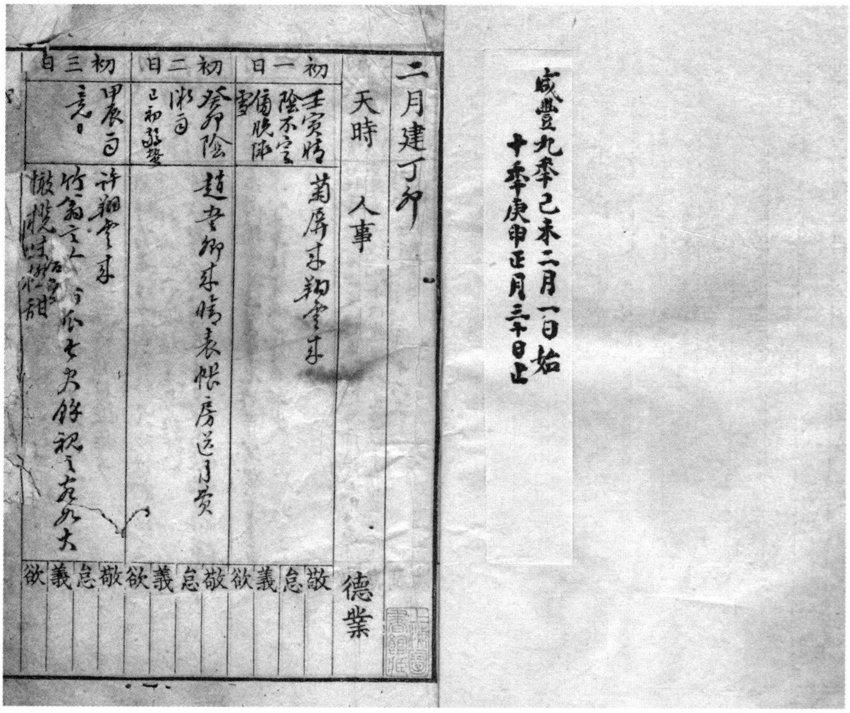
咸豐九年己未二月一日始
十年庚申正月三十日止
二月建丁卯
天時
人事
德業
初一日
初二日
初三日
敬
怠
義
欲

清・王友光《王海客日記》

王海客日記

《王海客日記》不分卷，清王友光撰。稿本。

王友光（一八〇七—？），字海客，江蘇華亭（今上海松江）人。王永祺玄孫、王蔚宗孫、王慶麟子。增生。著有《味義根齋詞録》六卷、《詞録》二卷、《文剩》一卷。

全書三册，存清咸豐九年（一八五九）二月初一日至十年（一八六〇）十一月二十三日、清同治元年（一八六二）閏八月至二年（一八六三）四月十一日，其中缺咸豐十一年（一八六一）十二月至同治元年八月。此稿第一册書衣有顧廷龍先生朱筆題『王海客日記。咸豐九年己未二月一日始，十年庚申正月三十日止』，書腦自上而下依次題『一。共三册。松江封氏舊藏，《簣進齋書目》著録』。卷端前護葉有浮簽題『咸豐九年己未二月一日始，十年庚申正月三十日止』，看字迹似出封文權手。第二、第三册書衣、護葉與顧、封二家所題类同。而第一册終於咸豐十年正月三十日（十七日開始未記事），第二册始於咸豐十年正月初一日，以致前半月記事與第一册重複，然細勘之，略有不同。或因第一册末有白葉，王氏順手記之，至月半改换第二册，乃將前半月重録一遍。

全書前兩册用現成烏絲欄日記簿，半葉四日，卷首因需記月份，版心無魚尾，印有『月幾』二字，蓋每月葉碼自爲起訖，月份則待用者填補。每日分四欄：日期、天時、人事、德業，日期係刷印，德業則列敬、怠、義、欲四項，每日圈填即可，王氏未記，似非篤好理學者。第三册用無格素紙，而格式與有格者略同。其中，天時一欄，記録每日陰晴變化頗爲詳細，可爲研究松江地區氣候研究之史料。人事一欄因方格大小有限，王氏記事甚爲簡略，以墨筆爲主，間用朱筆添注。如咸豐九年二月十一日墨筆記『午後，陸希僑來。菊屏來』，朱筆補記『竹翁言嵩山百合大而甜，飯鍋上一蒸，便可喫，不須糖也』。由於此時正處在太平天國運動時期，日記頗涉及其事，如二月二十六日『接揚州信，云江浦已於正月廿四日收復，捻匪頭薛老焦投誠，改名成良。六合不日當有吉語』，次日又記『均甫處見上諭。德帥革職回京。薛成良賞四品頂戴』之類，便涉及被太平天國政權封答天豫、負責守衛江浦的捻軍首領薛之元投降一事，與史書所記合，而稱薛氏曾用諢名『老焦』，此前未見記載。三月十六日記『小軒説捻頭李紹壽於去冬十一月投誠勝帥營中，即賞給三品頂戴，賜名世忠。臘月中以補山東河營參將。初爲袁甲三鄉勇頭，以皖撫與盧鳳何觀察欲斬之，遂戕觀察以叛，至是始悔』，記李世忠底細甚明。此後又記天津獲勝、李世忠爲勝保所殺等事。尤其咸豐十二年上海、松江等地告急，王氏除曾舉家避難鄉間外，更將有關見聞筆之於書，爲不可多得之史料。此外，又如咸豐九年五月三十日記『是月廿九及六月初一、初二廣東餘黨連劫閶門、山塘及胥門外，又楓橋三處典當，不及十日即破案。據云夥黨在蘇有五六百人，先獲到二三十人，訊實於六月十六日萬年橋正法八人』，可見受太平天國運動影響，地方不靖，引發匪徒作案，而蘇州地方上能迅速破案，官吏甚爲得力。以上所舉數例，均於今之治近代史者有所裨益，亦可知王氏有事後補記日記之舉。（李軍）

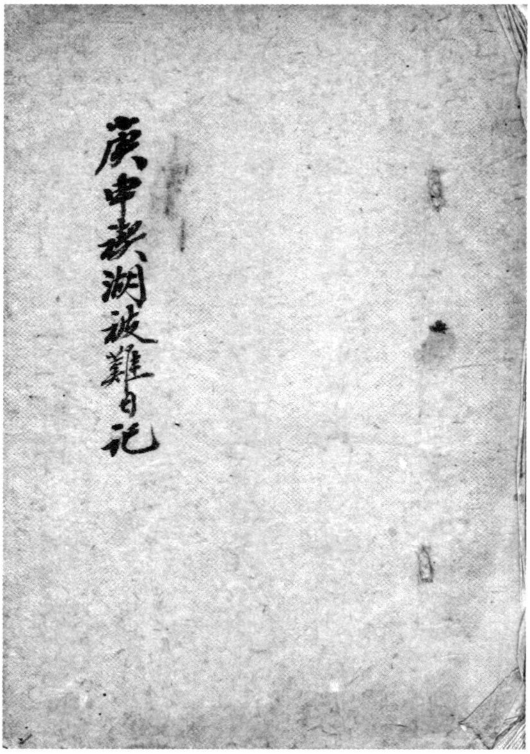

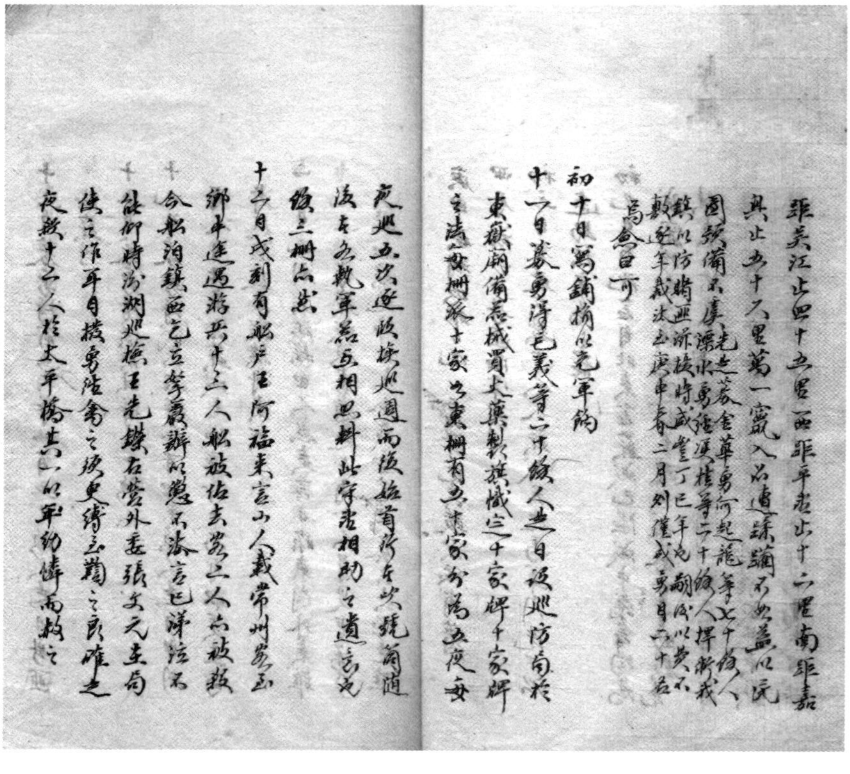

清・范其駿《庚申禊湖被難日記》

庚申禊湖被難日記

《庚申禊湖被難日記》不分卷，清范其駿撰。稿本。

范其駿，字永綏，號詠三，江蘇吴江震澤（今蘇州）人。清同治四年（一八六五）恩貢生，候選教諭。范氏研精制舉業，邑中士夫争延爲弟子師，經其指授，俱有可觀。主講禊湖書院十餘年。好吟詠，間畫山水，而尤工篆隸書。著有《夢餘贅筆》《帳墨居詩鈔》《歷代古人姓氏考》《茶餘話異》等。《黎里續志》有傳，頗爲簡略。民國九年（一九二〇），沈昌眉作《范詠三先生像贊》云：『先生之貌清而癯，先生之才華而腴。陶經鑄史煙雲噓，丹黄禿筆終年濡。有才無命恨如何，蟄處里巷日課徒。有詩一卷帳墨居，有文若干供蠹魚。精者不存存其粗，剩有《茶餘》與《夢餘》。徵文考獻柳亞盧，得而讀之心爲愉。欲鈔副本付小胥，哲嗣贊叔感且籲。鎸板有志未敢渝，文章顯晦因時殊。越在今日鳳毛孤，乘此時兮刻此書。書成弁以春風圖，鬚眉奕奕肖生初。我作讚語非阿諛，是真才子真名儒。』是爲描述范氏面目最詳者。沈詩述及柳亞子所刊范氏著作，即民國九年鉛印行世之《夢餘贅筆》《茶餘話異》。柳氏《自傳》曾涉及此事，稱清光緒二十七年（一九〇一），族弟柳丕繼所請塾師范瑞叔，別號贅叔，爲范其駿之子，因獲借鈔范氏手稿數種。范氏著述除兩種刊印外，《庚申禊湖被難日記》柳氏亦有鈔本，今藏上海圖書館，卷首有柳亞子題記云：『《庚申禊湖被難日記》一册，里人范永綏先生著。稿本未刊，余從其後人贅叔丈處借鈔，蓋距今六十年矣。頃江浙又將搆難，未知兹里得免兵火否，念之惘然。中華民国九年庚申七月十二日，金鏡湖寓公柳棄疾記於題紅仙館之賃廡。』時間與他刊印范氏遺稿相近，距離《庚申禊湖被難日記》之作，恰好六十年。清咸豐十年（一八六〇）六月，太平軍攻陷蘇州，范氏避亂到上海，曾有《避寇滬上集唐人句》八首，見於《帳墨居詩鈔》。

范氏《日記》手稿一册，藏上海圖書館，記事始於清咸豐十年四月初二日，訖於同年六月初八日，凡兩月餘，雖非每日皆記，但所缺無多，敘事甚詳。主要涉及太平軍攻蘇城，尤其是吴江汾湖之組織民團、籌劃防衛事宜。彼時諸紳合議，設局於東岳廟，范氏參與其間，故日記尤多細節之實録。如五月十九日摘録忠王李秀成告示，同月二十七日記得太平軍甘永勝十八字配印，六月初八日記兵敗殉難者五百餘人，范氏逐一記其姓名。附録數種，除咸豐十一年（一八六一）九月初三日、同治元年（一八六二）八月初六日、同治三年（一八六四）十二月二十日、光緒七年（一八八一）三月初十日旌表諭旨外，尚有李齡壽《黎里紀略》，徐晉鎔《陸氏三孝子》《哭從子泰吉》《哀朱生》，范氏《哭馮授之明經》諸文。末有補述，記太平軍陷吴江後之所作所爲，并有殉難人小傳，與日記所述相表裏。其中《陸氏三孝子》一篇天頭批注『《夢餘贅筆》已採入』，《哭馮授之明經》天頭批注『已入詩鈔』，可知范氏後人編其詩文筆記時，曾加採選。（李軍）

第壹冊

同治九年庚午五月始筆

壬申五月止

并無新聞

不必翻看

日記

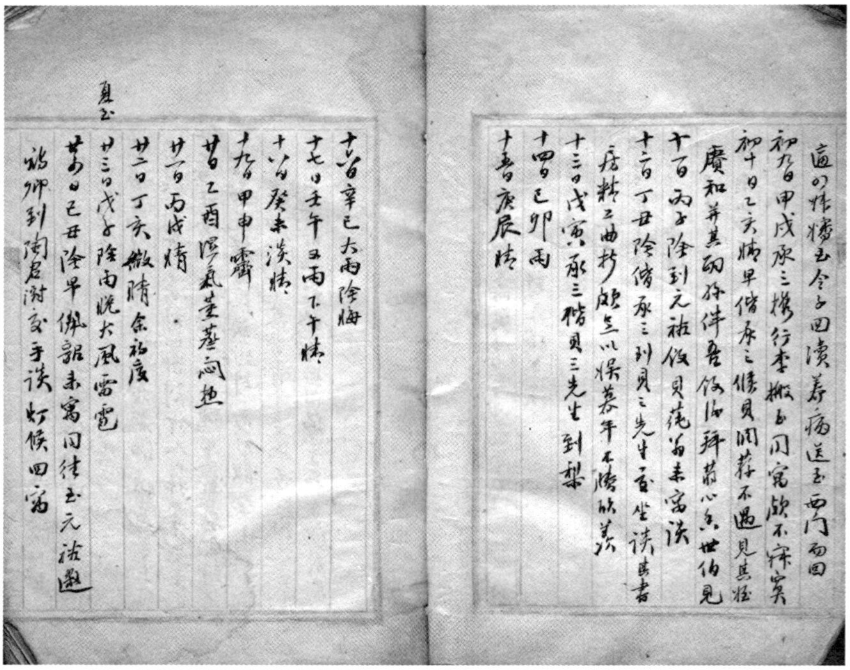

清・費德麐《杏花春雨館日記》

杏花春雨館日記

《杏花春雨館日記》不分卷，清費德馨撰。稿本。

費德馨（一八四七—？），字芝雲，號杏花春雨館主，江蘇吴县（今蘇州）人。家居木瀆，費瀛之子。據張一麐《心太平室》卷九《贈費芝雲八十雙壽》詩，知其年過八旬尚健在，時已入民國十餘載。

全書十册，用『翰寶齋』朱絲欄稿紙，半葉十行，行字不等。始於清同治九年（一八七〇）五月初一日，終於清光緒十九年（一八九三）七月二十四日，凡二十四年。記録費氏二十四歲至四十八歲之經歷。其第一册書衣題『日記。古吴芝雲識於香溪書屋』，旁鈐『悳馨』白文方印、『芝雲』朱文方印，右側題『第壹册。同治九年庚午五月始筆，壬申五月止』，『并無新聞，不必翻看』。正文前書『平生大願』三項，并鈐『望屺』陽文藍印。按：同治九年十一月十四日記『余又號望屺，以示念劬之意云爾』，此印殆爲紀念母徐夫人。至第三册書衣始題名《杏花春雨館日記》，鈐『杏花春雨館主』白文長方印。第四册書衣題名下小字注『吴門望屺氏於蒲城公廨』，『芝雲』『悳麐』『杏花春雨館主』諸印外，并鈐『望屺翰墨』白文方印。第五、第六兩册書衣小字注『芝雲識於春明』，其多居京師，沉淪下僚，而與同鄉吴大澂、陸潤庠、馮芳緝、彭祖賢、劉傳福、王同愈、江標、吴郁生以及盛宣懷、廖壽恒、陳夔龍等，皆有交往。

費氏一生科考不利，未獲科名，早年在父親幕府中協理文牘。據惲毓鼎《澄齋日記》光緒三十三年（一九〇七）九月二十四日云『歸爲費芝云丈跋先德兩圖（仙洲先生《荷净納凉圖》，蟾薌先生《琴鶴歸農圖》），不親筆墨久矣，今日始得暇爲之』。費氏同治九年十一月三十日記『是日爲先嗣祖蟾香公没忌』，可見《琴鶴歸農圖》係其嗣祖費蟾香所作，作《荷净納凉圖》之費仙洲名瀛，同治間曾任河南長垣縣令，光緒間任玉田縣令。同治九年，費氏因父在河北藁城任職，其養母徐氏卒於任所，權厝於藁城關帝廟。費德麐乃於同年九月二十二自蘇出發，閏十月初四日行抵河北，停留一年，於同治十年（一八七一）九月二十一日自藁城關帝廟運徐夫人靈柩南下，先車後船，十一月十一日抵木瀆家中，歷時一月有餘。在蘇期間，與鄉中老輩如馮桂芬、貝信三、蔣德馨，同輩袁寶璜、袁子辛、馬石卿等，皆有交往。對蘇城中園林及木瀆之私家園林如錢氏端園（嚴家花園前身）、吴氏遂初園等，均有游覽之記録。費氏日常好賞鑒書畫，聽評書評彈，日記中對蘇州城内裱畫鋪、茶館、評彈藝人，也多有涉及，爲研究晚清蘇州的城市生活提供相關細節。在父親幕府内，又對地方之災害、治理有相關記載，如同治十年山西、河北大水泛濫，自五月至七月末，長达三四月之久，河水又一度横溢，費氏嘆爲三十年來未有之特大災害。光緒以後，在京任職，所記京中風物，與各家交往，頗有可存者，惜乎作者聲名不彰，注意其價值并加以利用者不多。（李軍）

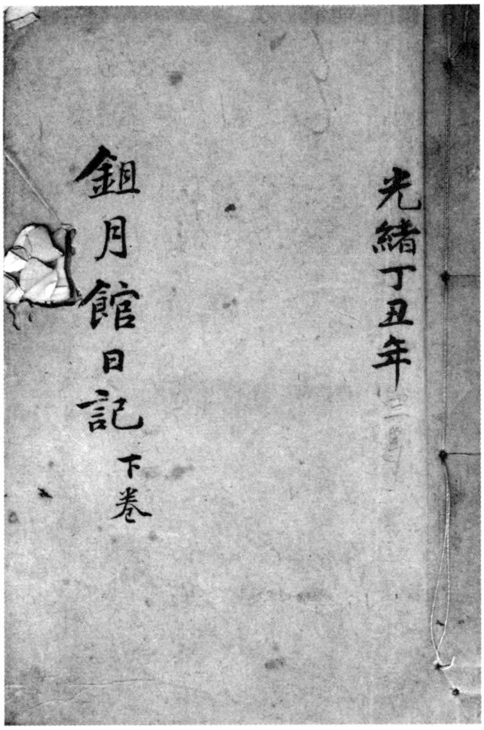

光緒丁丑年

鉏月館日記 下卷

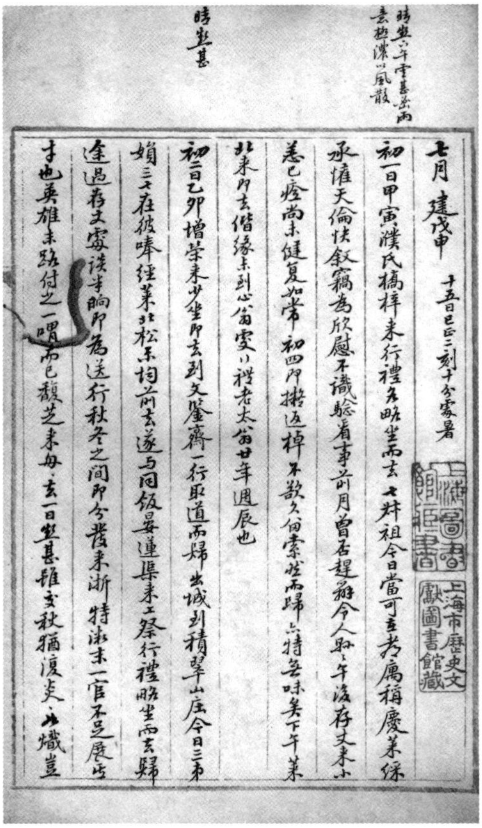

晴熱，午雷甚急，雨意極濃，以風散

晴熱甚

七月 建戊申 十五日巳正二刻十分處暑

初一日甲寅，濮氏橋梓來行禮，多略坐而去。七叔祖今日當可主考，廣稱慶某緣

承惟天倫快敘，竊為欣慰。不識驗看事前月曾否提辦，令人望望。午後存文來，小

恙已痊，尚未健復如常。初四即擬返棹，不敢久留。索書而歸，亦特無味矣。下午某

北來，即去。偕緣未到，心翁處以禮老太翁廿年週辰也

初二日乙卯，增榮來，少坐即去。到文鑒齋一行，取道而歸，出城到積翠山莊，今日三弟

娟三七，在彼唪經，某北松未詢前去，遂與同級晏蓮渠來工祭，行禮略坐而去。歸

途過存文處，談半晌，即為送行。秋冬之間即令發來浙，特淡末一官不足展其

才也。英雄末路，付之一喟而已。馥芝來，毋一去一日，熱甚，雖交秋猶復炎炎，此熾豈

清・何蔭柟《鉏月館日記》

鉏月館日記

《鉏月館日記》不分卷，清何蔭柟撰。稿本。

何蔭柟（一八五二—？），字頌梅，一作頌眉、仲梅，江蘇江寧（今南京）人。何兆瀛之孫、何承禧之子、湖北漢川知縣何蔚紳（石來）胞兄。早年游幕，清光緒二十一年（一八九五）曾任上海華盛總廠西公事房文案。

全稿共五十三册，大抵每半年一册，故存二十六年有餘，篇幅較之晚清四大日記毫不遜色。檢閱全書，起於光緒三年（一八七七）七月初一日，終於民國元年（一九一二）五月端午，惜間有缺失，統計如下：光緒四年（一八七八）上下兩册一年全缺；光緒八年（一八八二）六月初二日至九月十一日，因其母汪氏去世，故缺記百日；光緒十六年（一八九〇）缺七月至十二月，凡半年；光緒十七年（一八九一）上册六月二十五日之後缺，下册始於八月十五日，因其父何承禧去世缺一月有餘；此後光緒十八年至二十二年（一八九二—一八九六），缺失十册，共五年；光緒三十一年（一九〇五）六月初八日以後，因何氏患病，中斷五月有餘，下接十一月二十五日；光緒三十三年（一九〇七）缺十一月二十一日至二十四日，凡四日；光緒三十四年（一九〇八）五月多缺記，下半年則頗有錯亂。

每册稿本中多有夾葉，今後附印每本之末。以名片、信札、丸方、收據爲主。名刺有甘元煥、端木埰、李審言諸家，并有作者自用『何蔭柟』名片。書札、收據上款多作何二少老爺、何仲梅少老爺、何頌梅、何大老爺頌眉之屬。另，光緒五年日記卷首署『耜孫日記』，下鈐『惜分陰』朱文長印；光緒七年上册卷首署『耜孫日記』，末有『知足知不足』朱文長方印，殆以其祖何兆瀛號青耜，故號耜孫也；光緒三十年下册末工楷鈔録《心經》三篇，適逢其妻去世，乃以此悼亡，後有頌翁藥方六單，并於空白處鈐『頌眉』朱文方印。據惲毓鼎《守拙日録》光緒二十四年六月十八日記『申刻至同豐堂，赴何頌梅之約。即席戲贈頌梅：白下詩人何頌梅，一樽聊爲晚凉開。故人已作松江守（頌梅館於濮梓泉年丈寓。新簡松江知府），還乞鱸魚下酒來』，何氏同日記『傍晚赴同豐堂，約薇孫、次寅、瓚亭、季如、葭孫、劍秋、志先、衡仲同聚尚權，有不期而至者二人，不覺多此耽閣，至子初始歸』，兩相符合，時何氏館於京師濮子潼家中。據其自述，何氏一生足迹遍及江浙、京滬等地，而寓滬期間，於海上景物、見聞記録頗詳，爲研究清末上海風貌之學者所取資。陳左高《歷代日記叢談》有專文論述，推重其對上海園林、街道、碼頭、梨園乃至政治鬥争、經濟史料之記録，斑斑可考，以及與聞蘭亭、馬相伯、盛宣懷、曹滄洲、李伯元、繆荃孫、孫寶琦、唐文治等人之交往，均有涉及，故認爲現存稿本日記長達二十年以上，兼富史料價值者，此爲代表作品之一。此稿一小部分，曾於一九八二年選載入《清代日記彙鈔》，至此全文始獲影印，方得窺全貌。（李軍）

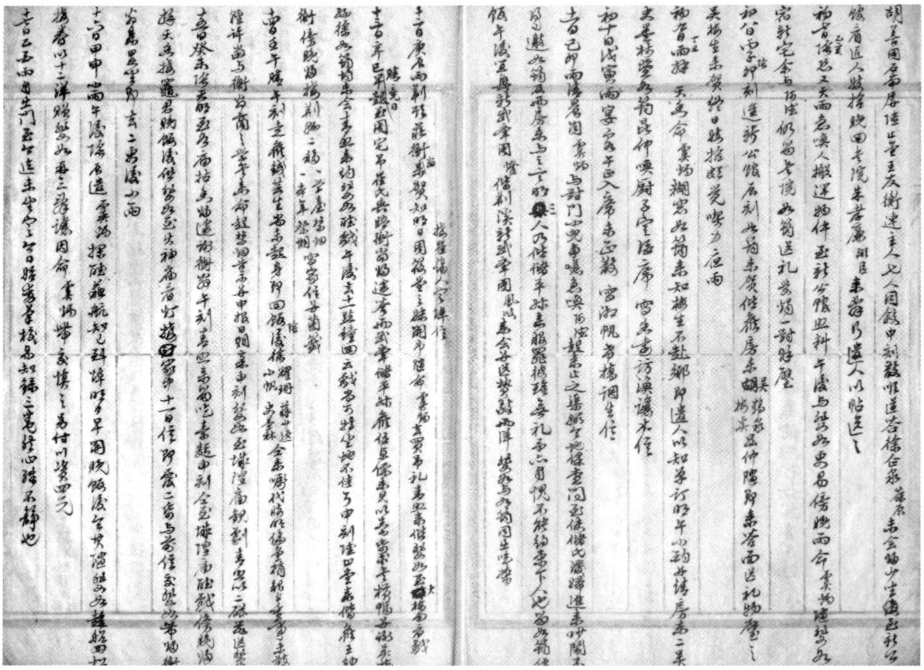

清・姚之烜《姚之烜日記》

姚之烜日記

《姚之烜日記》不分卷，清姚之烜撰。稿本。

姚之烜，字叔元，號壯之，又號南八，江蘇婁縣（今上海寶山）人。姚椿胞侄、姚楗之子。諸生。與同鄉張文虎交好，後官荆溪縣訓導。受伯、父影響，世其家學，善於爲文，名列《桐城文學淵源撰述考》中。撰有《庚辰詩草》《姚楗行述》等。

姚氏《日記》附《庚辰詩草》，現存稿本二册，始於清光緒六年（一八八〇）元旦，終於光緒八年（一八八二）六月三十日，凡二年六個月。書衣題『姚之烜日記。附庚辰詩草』，『椿侄。荆溪訓導』，書腦上題『光緒六年庚辰』。從字迹觀之，似出顧廷龍先生之手。第二册辛巳日記首葉鈐『南八』朱文圓印，且正月十五『午刻以賤辰吃素面』，與姚氏硃卷履歷所記道光甲申正月十五日吉時生相合，顧廷龍先生所題無誤。全稿寫於『彙豐號』朱絲欄賬册紙上，半葉十二行，行字不等。卷端首行題『庚辰日記』，次行起正文，皆頂天頭書，殆老人惜紙惜物，於此可見一斑。《庚辰詩草》附於《庚辰日記》之前，共五葉十八題，與日記時序相一致。

光緒六年至八年間，姚氏正在荆溪縣訓導任上，日記所載即底層文人任小官之日常事，并牽及宜興、荆溪之風俗民情。如正月初三日言：『吴增福來禀，知今日回松，不及寫信，令報平安而已。午後偕二侄候止堂……昨據青照云，此間文廟新年三日内，每日有學中八人值班看守香燭，午前午後輪流替换。士風如此，洵屬可嘉。』可見作者籍貫確屬松江，其侄隨他一同在荆溪讀書，而當地在春節期間，爲防止文廟内燒香不慎失火，縣學中生員自發輪班看守，讓姚氏讚嘆。四月十四日爲宜興從前破城日期，故在城隍廟舉行打醮，類於今之紀念日，此舉在他邑未嘗見之，可補志乘之疏。庚辰正月初七日移居新公館後，十一日就有姚氏下人與對門小兒口角，引發争執，姚氏并不一味偏袒，而能反躬自省。日記中頻繁提及其校讀《綱鑑易知録》，也是姚氏做修身功夫之一端。對於學官古來就有束修之饋，據日記所述，荆、宜兩縣地方官不時有『送胙』之舉，主要爲豬肉、羊肉。姚之烜年近六旬，妻、子均已先卒，老境頹唐，從所附《自詠》詩二首可窺見之。數年之間，其曾赴蜀山、丁山各鎮游覽，庚辰三月赴常州府送考，九月初回鄉，展拜先人墳墓，與諸親眷相會，臨别有詩《秋間旋里陸希橋僚婿以詩贈行賦此奉答》，經過蘇州時，在閶門買物，游留園而『未見佳處』。而姚氏所記以常州府、宜興荆溪兩縣爲代表的府、縣考試之種種細節，爲研究晚清科舉考試之一手資料。（李軍）

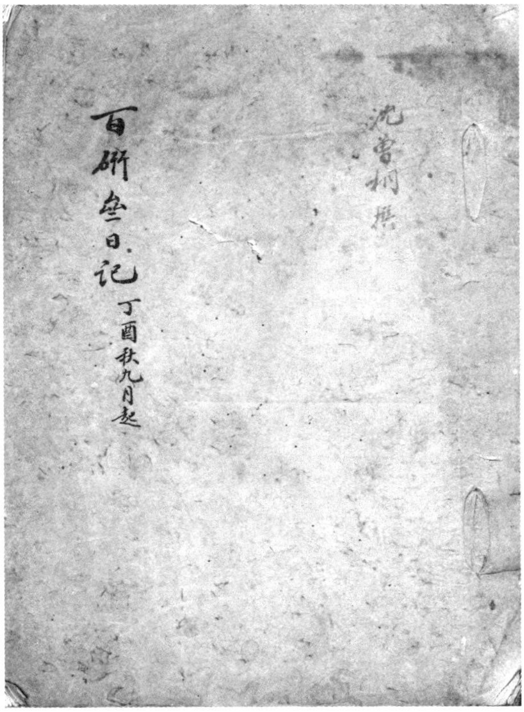

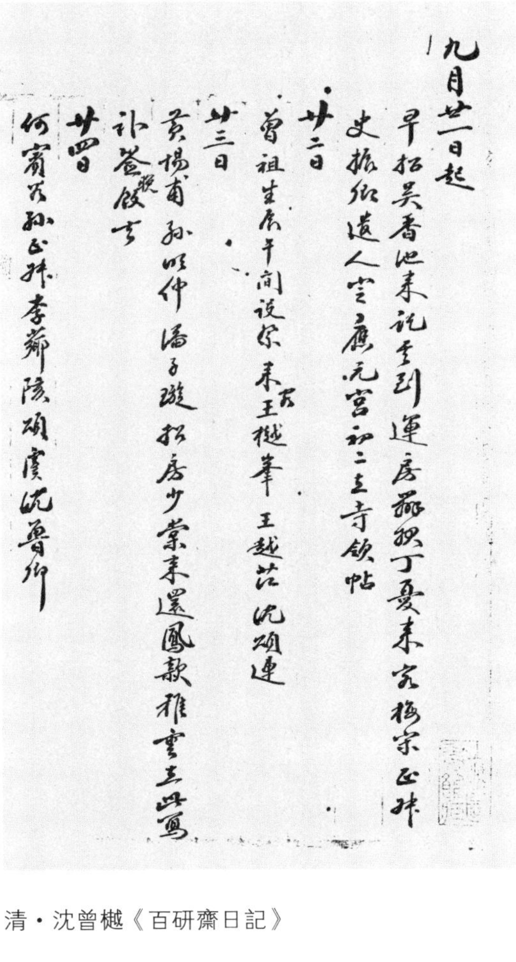

清・沈曾樾《百研齋日記》

百硯齋日記

《百硯齋日記》不分卷，清沈曾樾撰。稿本。

沈曾樾（一八五五—一九二二），字子林，浙江嘉興人。沈曾植、曾桐季弟。清例貢監生。捐贅廣東候補鹽場大使。民國四年（一九一五），署廣西銀行監理官。後退居滬上，與諸遺老相往還。曾補輯祖父沈維鐈《補讀書齋遺稿》十卷之餘者爲《外稿》一卷。

《百硯齋日記》記事起清光緒二十三年（一八九七）九月二十一日，至光緒二十四年（一八九八）十一月初二日止。所記均沈氏任職廣州時日常公私事務，所記每日『到所』云云，當指所供職的鹽務公所。述及過從往來者大致有三類：一爲鹽務同事，如姚雨農、施列仙等；二爲同時在粵之官吏或文人黄惕甫、方功惠等；三爲在粵姻戚，如汪舜俞（大鈞，又字頌虞、仲虞）、張梧園等。在粵期間，沈氏受汪康年、梁啓超等託付，曾與廣州西湖街富文齋等書坊接洽，或請分銷圖書，或商刊刻書籍。如光緒二十三年十月初五日記『富文老闆來，議翻刻司空公年譜』。《百硯齋日記》記事頗簡略，多爲看竹、手談、宴飲、游珠江等瑣事，未嘗評述人物時事。所記赴滬會合兄長接迎母親靈柩返鄉事，則極其詳盡，爲研究沈氏家族事迹的重要材料。沈曾樾宦粤時期的境況及心迹，在致汪康年札中有所披示，自謂『差况平平，寓用而已』，『鹽務優差，概係督院所派，竟有外省丁憂州縣充當者，不成政體……此差月有兩百番，勉强敷衍』云云。

上海圖書館藏書目録、虞坤林《二十世紀日記知見録》及《沈曾植年譜長編》（許全勝撰）等，著録或引用此《百硯齋日記》，均題爲『沈曾桐日記』。按：沈曾桐（一八五三—一九二一），字子封，號同叔。光緒十二年（一八八六）進士，選庶吉士，授翰林院編修。二十年（一八九四）四月補會典館纂修官，二十二年（一八九六）八月授總纂官，二十三年（一八九七）京察一等，二十四年（一八九八）三月因《會典》全書過半，保奏賞戴花翎并加侍講銜。曾桐早登科名，久職中樞，其行實與《百硯齋日記》記述之人地均不符。日記舊題『沈曾桐撰』，實因兄弟名近而致誤。推其原由，或因當年大宗沈氏文獻入藏，上海圖書館甄録未周之故。

綜上所述，《百硯齋日記》爲沈曾樾撰，『百硯齋』當爲曾樾堂號。曾樾又有自鈔自跋本《學部圖書館善本書目》存上海圖書館，款署『莒礎』，或亦爲其字號。（王亮）

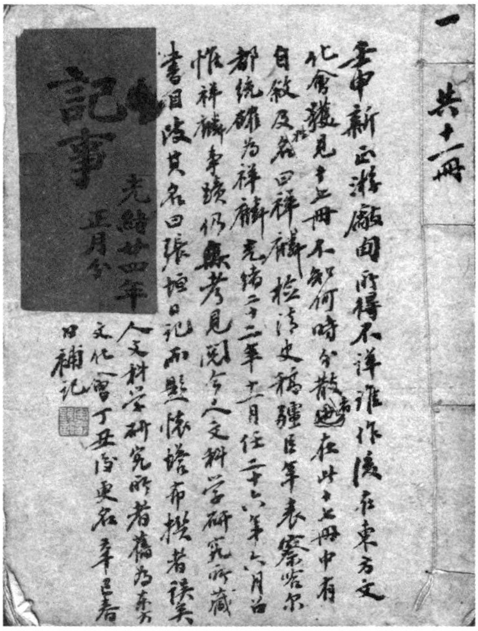

一 共十二冊

記事 光緒廿四年 正月分

壬申新正游廠甸所得不詳誰作後在東方文
化會獲見十五冊不知何時分散也在此十七冊中有
自敘及名曰祥麟 按清史稿疆臣年表察哈爾
都統雖為祥麟光緒二十二年十二月任二十六年六月治
惟祥麟事蹟仍無考見閱今人文科學研究所藏
書目復有名曰張姮日記而點懷證布襆者誤矣
人文科學研究所者舊為東方
文化會丁丑始更名 辛巳春
日補記

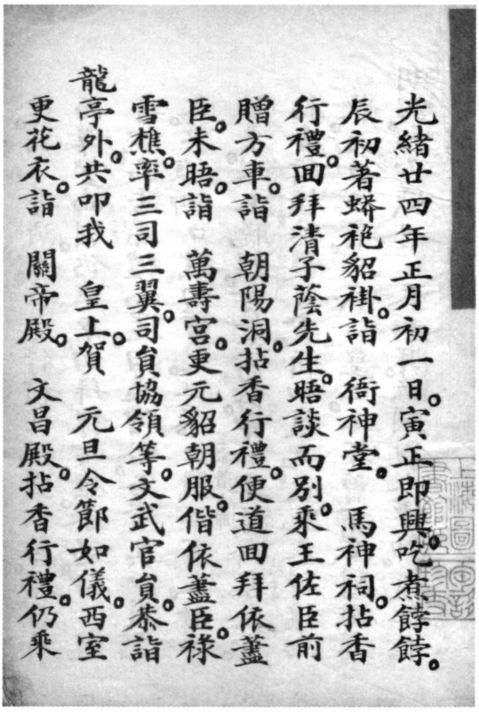

光緒廿四年正月初一日。寅正即興。吃煮餑餑。
辰初著蟒袍貂褂。詣　衙神堂。馬神祠。拈香
行禮。回拜清子蔭先生。晤談而別。乘王佐臣前
贈方車。詣　朝陽洞。拈香行禮。便道回拜依蓋
臣。未晤。詣　萬壽宮。更元貂朝服。偕依蓋臣祿
雪樵。率三司三翼司員協領等。文武官員恭詣
龍亭外。共叩我　皇上。賀　元旦令節如儀。西室
更花衣。詣　關帝殿。文昌殿。拈香行禮。仍乘

清・祥麟《祥麟日記》

祥麟日記

《祥麟日記》不分卷，清祥麟撰。稿本。

祥麟，字仁趾，滿洲正黄旗人。據《日記》正月初四日有『口占七絶，附録於此，以記五十年來之際遇也』，逆推其生年約在清道光二十八（一八四八）前後。清同治十三年（一八七四）中翻譯進士，改庶吉士，散館授檢討。後官内閣學士。清光緒十一年（一八八五），任烏里雅蘇台參贊大臣。十七年（一八九一）三月，擢倉場侍郎。二十二年（一八九六）十一月，授察哈爾都統。二十六年（一九〇〇）六月，奉召回京。

全書十一册，寫於無格素紙上，行字不等，而有圈點。每册均有簽，題『記事』二大字，首册用紅紙書之，下小字注『光緒廿四年正月分』。首册書衣上方題『一』『共十一册』，據其筆迹，當出顧廷龍先生手，有顧氏跋云：『壬申新正，游厰甸所得，不詳誰作。後在東方文化會獲見十七册，不知何時分散者。在此十七册中，有自敘及姓名曰祥麟。檢《清史稿》疆臣年表，察哈爾都統確爲祥麟。光緒二十二年十一月任，二十六年六月召。惟祥麟事迹仍無考見。閱今人文科學研究所藏書目，改其名曰《張垣日記》，而題懷塔布撰者，誤矣。人文科學研究所者，舊爲東方文化會，丁丑後更名。辛丑春日，補記。』正如顧廷龍先生跋語所言，今中國科學院圖書館藏有《張垣日記》十七册，存光緒十五年（一八八九）正月至光緒十六年（一八九〇）二月，即東方文化會舊藏者。原書無題名、序跋，因卷首邊縫處有『張垣日記』『懷塔布』等字樣，而恩華《八旗藝文編目》著録《張垣日記》不分卷，稿本一種，編目者未細加考證，遂將之誤歸於張垣名下。顧廷龍、崔健英已先後考定辨正之。

上海圖書館所藏，現存清光緒二十四年（一八九八）大部分日記，起自正月，訖於十一月，每月一册，凡十一個月。内缺十月份一册，殆閏三月故也。此十一月日記，爲祥麟任察哈爾都統期間所記，頗爲工整，疑經人謄清，緣前後字體顯然有肥瘦之別。此外，三月初六日《日記》稱『摺本處交來二月十八日至廿九日記事，檢點圈記。并前合封，待寄。寫諭田玉文信一封，合上月記事一分，重封待寄』，是爲内證也。全書所記類工作備忘録，但言畫押、用印次數，殊爲簡略。然亦有可取者，如正月十三日記『瑞典國有教士，將在口外建房傳教，來謁，未晤。俾其有總署來文，自當遵辦也』，提及外國傳教士深入内地事。祥麟虔信佛道，每月頻繁進香拜神，而百姓則每每趁機告狀，三月十五日更記『自到任以來，每遇行香拜廟，無不接呈交訊。今日則在西轅門外攔輿呈控者至四起之多。當交所司查案，准駁而去』，然則治下并不清明可知。尤其值得注意者，本年適爲戊戌變法發生之時，祥麟身爲封疆大吏，日記中卻對於百日維新記録寥寥無幾，自四月十二日得到恭親王薨逝消息後，四月二十四日『接電譯邸鈔二通。立大學堂、宗支出使也』，四天之後，四月二十八日『接電譯邸鈔四通，知翁叔平前輩已罷相回籍』，此爲變法之前奏。六月初六日記『接昨申總署電諭一通，諭各省，前於四月二十七日奉旨，諭令將軍都統督撫提督補授時，於皇太后前一體具摺謝恩。因各處辦理未能畫一，現經奏事處聲明，以後外省除將軍、都統、督撫、提督補授時，遵旨於皇太后前謝恩摺接收外，餘則概不接收』，是節制太后之權。六月十三日『先後接昨日今日電諭六通，新政煌煌矣』，至於新政之内容，并未談及。至八月初七日『接總署昨日下午五點鐘發來，電局代譯，通行督撫將軍都統電諭一通，敬悉自本日爲始，恭奉皇太后偏殿訓政。初八日行禮等因，欽此』。八月十一日接電諭便有『我皇上明詔求醫』之説，則變法失敗，光緒帝遭幽禁矣。祥麟於百日内，不過記總署所發電諭，治下并無維新之舉，由此可見其政治上之保守傾向。亦間接反映百日維新之影響，集中於中央，未波及地方，故取祥麟、廖壽恒二人日記對讀，真有冰火之别。

此稿本中鈐有『匋誃珍庋』朱文方印、『匋誃題記』白文方印、『起潛持贈』朱文方印、『亭林族裔』朱文方印、『顧廷龍觀』白文方印，爲顧廷龍先生舊藏，而後捐贈圖書館者。（李軍）

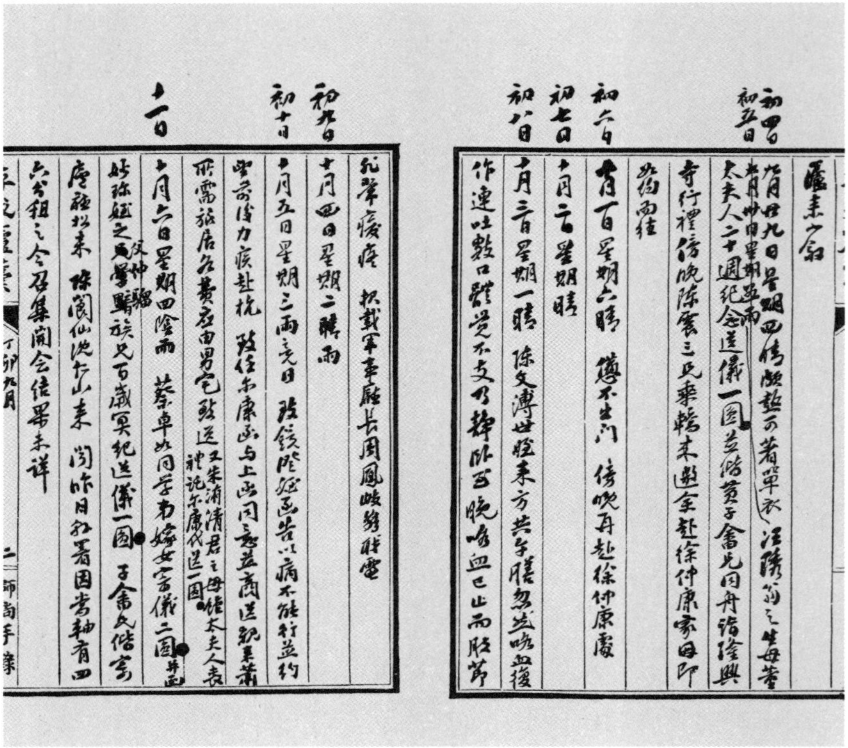

清·陸鍾渭《存我廬日記》

存我廬日記

《存我廬日記》不分卷，陸鍾渭撰。稿本。

陸鍾渭（一八七三—？），字希吕，一字師尚，號綬珊，浙江蕭山（今杭州）人。陸友湘子。清光緒二十八年（一九〇二）壬寅補行庚子辛丑恩正并科舉人，世襲雲騎尉，官至郵傳部主事。民國初任上海會文堂書局編輯，後赴鄭州任教。著有《四書五經義策論初編》《存我軒偶録》《存我軒續録》等。

原書未題撰者姓名，據丁卯十月二十日記，謂『光緒之季，吾鄉陳根儒觀察光淞有狂名……因憶予二十四歲，友人傅君介予館於李小丹司馬鏡家。司馬直隸寶坻縣人，在浙需次。有子二人：長湛田，與予同庚。次清田，亦十有七歲矣。予赴館前數日遇傅君，蹙額告予謂此館恐不易處。問何故？曰學生傲岸之甚。前數日來書送關聘，謙稱歲修微薄，書中不稱師、不稱先生，屢呼陸子，其輕視先生極矣……湛田後於壬寅科舉直省鄉試，與予同年』云云。按：李氏呼作者爲『陸子』，其人必姓陸。據稿本版心下方有『師尚手録』四字，考之，陸師尚，名鍾渭，浙江蕭山人。陳光淞係蕭山籍，可稱同鄉。李湛田於光緒二十八年中舉，歲在壬寅，與陸氏中式時間復相合。日記同年十月二十七日記『得梁西仲内弟函，因岳丈百歲冥紀初八舉行也』，陸氏續娶梁正事之女。梁西仲名有庚，乃其繼室梁氏之弟。同月二十九日『詣八字橋掃大瞻公墓……轉朗家浜掃聖時公墓，虎山頭掃蒓浦公墓、慎吾公墓』，據現存陸氏壬寅科鄉試硃卷履歷所載，大瞻公爲陸鍾渭十三世祖陸廷，聖時公系其高祖陸德溥，蒓浦公係其曾祖雲樞，慎吾公係其祖陸觀禮。綜合以上數端，可以確定《存我廬日記》作者爲陸鍾渭。稿本所用齋名『存我廬』，與『存我軒』僅一字之差，恐係作者入民國後改，故與清末所用小異耳。

全書寫於紅格稿紙上，半葉九行，行字不等。四周雙邊，版心上單黑魚尾。魚尾上方均題『存我廬藁』，下方記年月，如『丁卯九月』之類，再下記葉次。版心下方右側小字署『師尚手録』四字。全稿凡十一册，記事始於民國九年（一九二〇），終於民國十九年（一九三〇）。每月記事自爲起訖，不相連屬。欄框内正文用公曆紀日月，并注明星期幾，天頭批注農曆，而以農曆計月份，月末或附記本月份送禮清單。此次選印民國十六年（一九二七）九月初一日至十七年（一九二八）九月二十六日，凡一年有餘。其中多記家常之事，頗爲瑣屑。偶涉及個人著作，如丁卯十一月十八日云：『紀文達所著《閲微草堂筆記》各種，曩嘗考注一過，十僅得其六七耳，未敢出而問世。甲子歲，聞滬上會文書局出有是書詳注，購而閱之，則同里謝君璿所注也。因取予所考得而謝所遺漏者數十條，録出寄去，并以所引書籍閑屬類書，甚有以近時坊肆所編之《辭源》孱入者，殊乖注書之體，作函規之。乃書賈將予所注，分條增入，而列予名於詳注中，殊非予志。至所引《辭源》并未删去，則予意固未採納也。』知爲會文堂書局所印《詳注閱微草堂筆記》而發，依其所言，顯然此書并非與謝璿合作之成果，實爲書商擅作主張之産物，陸氏對此頗有微詞，此爲《詳注》出版之真相，從未經人道破。此外，陸氏記浙江之時局與家事，亦有可觀處。（李軍）

附録（注：本附録爲二〇一七年三月影印之《上海圖書館藏稿鈔本日記叢刊》總目録）

第一册

第二册

第三册

第十二册

第十三册

第十四册

第十五册

第十六册

第十七册

第十八册

第二十三册

第二十四册

第二十五册

第二十六册

第二十七册

第二十八册

第二十九册

第三十册

第三十一册

第三十二册

第四十四册

第四十五册

第四十六册

第四十七册

第四十八册

第四十九册

第五十册

第五十一册

第五十二册

第五十三册

第五十四册

第六十六册

第六十七册

第六十八册

第六十九册

第七十册

第八十五册

第八十六册